Jean Cocteau

WERKAUSGABE IN ZWÖLF BÄNDEN

Herausgegeben von Reinhard Schmidt

Band 6

GEDICHTE I

FISCHER TASCHENBUCH VERLAG

Jean Cocteau

OPERA

CHORAL

Aus dem Französischen übersetzt
von Andrej Jendrusch

FISCHER TASCHENBUCH VERLAG

Veröffentlicht im Fischer Taschenbuch Verlag GmbH,
Frankfurt am Main, April 1988

Deutsche Übersetzung: Andrej Jendrusch

Deutsche Übersetzung: Andrej Jendrusch

Umschlaggestaltung: Manfred Walch
Herstellung: Alexander Gutfreund
Satz: Fotosatz Otto Gutfreund, Darmstadt
Druck und Bindung: Clausen & Bosse, Leck
Printed in Germany
ISBN 3-596-29206-9

Über dieses Buch Zwei der bedeutendsten Gedichtbände Jean Cocteaus liegen hier nun in einer zweisprachigen Ausgabe vor; bis auf einige wenige Auslassungen werden sie vollständig wiedergegeben.
Unter dem Titel *Opéra* versammelt Cocteau sein dichterisches Werk aus den Jahren 1925–1927; zugleich weist der Titel darauf hin, daß uns ein Schauspiel geboten wird: Cocteaus poetische Mythologie, seine Begeisterung für die griechische Antike, seine Freude am Spiel mit den Worten vereinen sich zu einem leichtfüßigen surrealen Mysterienreigen: »*Opéra* ist das Werk eines Opiumsüchtigen«, sagte Cocteau einmal.
Plain-Chant (Choral) zeigt ihn auf anderen Wegen. In Versen, die sich von der Tradition der französischen Poesie inspirieren ließen, besingt Cocteau den Schlaf, der den geliebten Menschen in fremde Welten zu entführen scheint, und den Kampf, den der Dichter mit den Musen auszutragen hat.

JEAN COCTEAU
WERKAUSGABE IN ZWÖLF BÄNDEN

☆

DIE GROSSE KLUFT · DAS WEISSBUCH
Erzählende Prosa I

THOMAS DER SCHWINDLER
DAS PHANTOM VON MARSEILLE
Erzählende Prosa II

KINDER DER NACHT
Erzählende Prosa III

DIE HOCHZEIT AUF DEM EIFFELTURM
ORPHEUS · DIE HÖLLENMASCHINE
Theater I

DIE GELIEBTE STIMME · DER DOPPELADLER
Theater II

OPERA · CHORAL
Gedichte I

SPIEGELSCHRIFTEN
Gedichte II

DAS BLUT EINES DICHTERS
DIE SCHÖNE UND DAS TIER · ORPHEE
Filme

DAS BERUFSGEHEIMNIS
Kritische Poesie I

OPIUM
Kritische Poesie II

DIE SCHWIERIGKEIT, ZU SEIN
Kritische Poesie III

DIE FARBEN DER ERINNERUNG
DER LEBENSWEG EINES DICHTERS
Kritische Poesie IV

INHALT

Opéra 9
Plain-Chant / Choral 147

Anmerkungen des Übersetzers 213
Nachwort 215
Bibliographische Hinweise 219
Verzeichnis der Abbildungen 221
Verzeichnis der Gedichte dieses Bandes 223
Eine Übersicht über Leben und Werk 227

OPERA
à mon
très cher
de tout
coeur
Jean Cocteau

OPERA

Aus dem Französischen übersetzt
von Andrej Jendrusch

OPERA

1925–1927
1952
1959

Als die *Opéra*-Gedichte erschienen, stellten sie sich gegen die Avantgarde, diese hochmütige Modeströmung, die keine sein wollte und vor welcher Raymond Radiguet mich einst gewarnt hatte. Diese Gedichte resümieren einen Zeitabschnitt im Hotel Welcome in Villefranche, von dem so viele moderne Mythen ihren Ausgang nahmen. Meine wenigen Leser hielten den Orakelstil einiger Stücke fälschlicherweise für Wortspielerei. Andererseits war ich weit davon entfernt anzunehmen, daß die Atmosphäre dieses kleinen Buches einmal breiten Anklang finden könnte. Es gab in unserem Villefranche so etwas wie Geheimnisse, die man einander ins Ohr raunt. Und ich sehe mich noch aus meinem Zimmer zu denen von Glenway Wescott und Monroe Wheeler laufen, um ihnen die Texte aus dem *Geheimen Museum* vorzutragen, Texte, in denen ich unseren Rätseln das kühle Gepräge eines Untersuchungsberichts verlieh.

Ich freue mich darüber, daß Stock dieses Buch in einer Neuauflage herausbringt. Ehemals wurde es mit dem schönen Umschlagentwurf von Christian Bérard veröffentlicht. Er ähnelte gewissen Titelbildern des *Fantômas* und unterstrich den doppeldeutigen Titel: »Werke« und »Roter Vorhang«.

J.C.

Monsieur Lecoq war allen voran auf die Treppe geeilt, und als erstes sprangen ihm die Blutflecken ins Auge. O! – stöhnte er, mit empörter Miene, bei jedem neuen Flecken, – o! o! die Unglücklichen!
Monsieur Courtois war angenehm berührt, einer solchen Empfindsamkeit bei einem Polizeibeamten zu begegnen. Er meinte, daß diese Mitleidsbekundungen den Opfern gälten. Er täuschte sich.

EMILE GABORIAU

PAR LUI-MÊME

I

Accidents du mystère et fautes de calculs
Célestes, j'ai profité d'eux, je l'avoue.
Toute ma poésie est là: Je décalque
L'invisible (invisible à vous).
J'ai dit: «Inutile de crier, haut les mains!»
Au crime déguisé en costume inhumain.
J'ai donné le contour à des charmes informes
Des ruses de la mort la trahison m'informe
J'ai fait voir, en versant mon encre bleue en eux,
Des fantômes soudain devenus arbres bleus.

Dire que l'entreprise est simple ou sans danger
Serait fou. Déranger les anges!
Découvrir le hasard apprenant à tricher
Et des statues en train d'essayer de marcher.
Sur le belvédère des villes que l'on voit
Vides, et d'où l'on ne distingue plus que les voix
Des coqs, les écoles, les trompes d'automobile,
(Ces bruits étant les seuls qui montent d'une ville)
J'ai entendu descendre des faubourgs du ciel,
Étonnantes rumeurs, cris d'une autre Marseille.

VON IHM SELBST

I

Daß ich vom Zufall des Mysteriums profitier,
Von Himmelsfehlern auch, ich muß es eingestehen.
All meine Poesie liegt darin: Ich kopier
Das Unsichtbare bloß (nur ihr könnt es nicht sehen).
So rief ich: »Hände hoch, und zwecklos, wenn Ihr schreit!«
Dem Frevel zu, gehüllt in sein Barbarenkleid.
Den Reizen ohne Form hab ich Gestalt gegeben,
Des Todes List ward mir verraten schon im Leben,
Mit meiner Tinte goß ich die Phantome aus,
Es wurden Bäume bald in schönem Blau daraus.

Zu sagen, daß dies Tun gefahrlos sei und schlicht,
Wär hirnverbrannt. Man stört die Engel nicht!
Stellt nicht den Zufall bloß, wie er Betrügen lernt,
Noch den Skulpturentrupp, der mühsam sich entfernt.
Hoch auf dem Aussichtspunkt der Städte, die man leer
Gewahrt, dort oben unterscheidet man nichts mehr
Als Hähne, Schulgeschrei und Autohupenklang
(Einziger Lärm, der je hinauf aus Städten drang),
Vernahm ein Johlen ich vom Himmel und versteh:
Das sind die Schreie eines anderen Marseille.

2

GRÈCE:

Où le marbre et la mer frisaient comme un mouton
Où les serpents noués décoraient le bâton
Où de cruels oiseaux posaient des devinettes
Où le navire était hérissé de houlettes
Où le berger battait les aigles libertins
Où l'inceste sans cœur, monté sur des patins
Persécutait les rois, les reines de théâtre
Avec ses cris de folle, avec ses yeux de plâtre...
Voilà si je ne m'abuse le style grec.
Les dieux (plutôt le diable) ayant plumes et becs
Et coiffé d'un chapeau commode pour la fuite,
Mercure, tenant à la main le chiffre huit.

3

Puis l'enfance. La mienne on y voyait souvent
Les jockeys accroupis sur le fleuve du vent.
La fenêtre mêlait oiseaux et fils de fer.
Vint l'amour: Madeleine aux jolis yeux louchons.
Ses doigts avec les miens trichaient dans le manchon...
Elle m'a fait du mal autant qu'on en peut faire.

Ensuite ont commencé la cire, les ciseaux,
Les bustes comprenant la langue des oiseaux,
Les enfants, en jouant, découvrant que les bustes
Sous des gants noirs, la nuit, cachent des mains robustes.
Et la mort ravissante, adroite sur le fil,
Vite me présentait l'un et l'autre profil.

2

GRIECHENLAND:

Wo man Marmor und Meer kraus wie Schaffell erblickte
Wo die Schlangenbrut schmückend die Stäbe umstrickte
Wo wilder Vögel Flug einst Rätsel aufgegeben
Wo Schiffe dicht bespickt von langen Hirtenstäben
Wo sich der Schäfer mit den dreisten Adlern schlug
Wo herzloser Inzest, der Stelzenschuhe trug,
Theaterkönigen und -ginnen zugesetzt,
Als er sie kreischend und mit Gipsaugen gehetzt . . .
Soweit der Griechen Stil, ich denk ich irre kaum.
Die Götter (Teufel mehr) mit Schnäbeln, Federflaum;
Verschönt vom Hut, der ihm das Fliehen leichter macht,
Hält Merkur in der Hand, als Zeichen, eine Acht.

3

Vor Jahren sah ich oft, ich war ein kleines Kind,
Die Jockeys, hoch zu Roß, gekauert in den Wind.
Das Fenster mengte Draht und Vögel. Später dann
Die Liebe: Madeleine mit ihrem Silberblick
(Und unsrer Finger Spiel im Muff, ein kurzes Stück . . .)
Ich litt durch sie so sehr, wie man nur leiden kann.

Bald hat die Zeit von Wachs und Schere angefangen,
Die Büsten, die zum Grund der Vogelsprache drangen,
Die Kinder schließlich, die, bei ihrem Spiel, entdeckten,
Daß Büsten nachts die Hand in schwarze Handschuh steckten.
Und der Tod auf dem Seil, der so anmutig war,
Bot mir flink sein Profil von zwei Seiten her dar.

PRIÈRE MUTILÉE

Le système du ciel se soulève, ramures,
Entre vos doigts tragiques d'Avril;
Et les anges cueillant les étoiles mûres,
Du tonnerre roulaient l'amoureux baril.

La dame debout et folle sur le lustre,
Disait à tous les dates de naissance;
La figure de Dieu, de plus en plus illustre,
Allait vite, sans dépenser aucune essence.

Le songe trop long dépassait le sommeil
Et finissait atrocement nu solitaire;
L'œil de la rose de Dieu sur la terre
Flambait autour des épines du soleil.

Les anges relevant leurs jupes ralenties
Escaladaient les collines, les palissades;
Et l'incroyable élégance de cette ambassade
Remplissait les miroirs devenus trop petits.

Les mains du ciel ouvraient, faisaient claquer les portes,
Et pour nous faire peur agitaient les rideaux.
Vitrier sur ton dos la ville est ivre-morte
Le marin a du ciel la carte sur le dos.

Voici que rossignol chante la fin du monde
Dieu s'exprime en ami par ses trilles de folle.
Un coup, pur à son cœur, s'élance de la fronde
Et fait du haut en bas tomber ce rossignol.

VERSTÜMMELTES GEBET

Das Himmelszelt gerät, ihr Äste, aus den Fugen,
Eures Aprilgeflechts, von Fingern, trauernaß;
Die Engel rollten, als sie reife Stern abschlugen,
Mit wildem Donnergrolln das liebentbrannte Faß.

Die irre Dame, die sich auf dem Lüster streckte,
Hat jedem den Geburtstag mitgeteilt,
Gottes Gestalt, die wachsend Ruhm bedeckte,
War rasch und ohne Spritverbrauch enteilt.

Der überlange Traum trat schließlich aus dem Schlaf,
Bis er sein Ende fand, entsetzlich nackt, allein;
Das Aug der Gottesrose auf der Erde traf
Die Sonnenstacheln rings mit seinem Flammenschein.

Die Engel hoben an die Röcke, ohne Hast,
Erklommen Hügel dann und setzten über Sperren,
Die hohe Eleganz dieser Gesandtschaftsherren
Zersprengt die viel zu klein gewordnen Spiegel fast.

Die Himmelshand schlug zu die Türn, die sie hielt offen,
Sie hatte uns geschreckt und Vorhänge bewegt.
Glaser, auf deinem Kreuz die Stadt ist stockbesoffen,
Derweil der Seemann dort die Sternenkarte trägt.

Hier singt die Nachtigall, wie unsre Welt verendet;
Gott kommt als Freund einher in ihrem Trällerschwall.
Ein Stoß trifft sie ins Herz, ein Kiesel, abgesendet
Von einer Schleuder, holt herab die Nachtigall.

Venez à mon secours, astres de ma naissance
J'ai perdu le secret des lignes de la main;
Dieu se déplace toujours dans le même sens
Et la foudre espiègle déshabille les humains.

Il faudrait arrêter les outrages du rire
Le radium qui tue avec des armes bleues
Surveiller les oiseaux comme la poêle à frire
Comprendre la douceur des mensonges de Dieu.

Le coq s'est endormi sur un piège d'ardoise
(Moyen si bête qu'il ne trompe plus que ce coq).
Les cyclistes, fardés par un feu de framboises,
Dans leur chiffre enroulés du beau dormeur se moquent.

Les pétales du feu, les astres somnambules,
L'océan, sa colère écrite en majuscules,
Toutes ces cruautés délicates du vent
J'en mourrais sans la mort qui veut m'avoir vivant.

Debout matelot, la géographie!
Les oiseaux perchés sur les branches d'étoiles,
Judas reconnu sur une photographie,
L'ange empêtré dans son système de voiles.

L'ensemble de ces dénonciations retentissantes
Étonne la mort prise sur le fait.
Astres, j'empoigne votre encolure puissante:
Hop! en route, on entend les tirs de la fête

Ihr Sterne der Geburt, kommt, um mir beizustehen!
Mir ging der Code verlorn zum Liniennetz der Hand;
Gott sieht man immerfort in gleiche Richtung gehen,
Der Blitz, der Schelm, entreißt den Menschen ihr Gewand.

Man müßt es arretiern, das unverschämte Lachen,
Dies Radium, das den Tod aus blauen Waffen schnellt,
Die Vögel grad so wie die Bratpfanne bewachen,
Die Süßigkeit verstehn von Gottes Lügenwelt.

Der Hahn sank in den Schlaf auf einer Schieferfalle
(Das Mittel ist zu blöd, es täuscht nur diesen Hahn).
Die Radfahrer, bestrahlt von Himbeerfeuer, alle
Beziffert, spotten, wenn sie sich dem Schläfer nahn.

Am Schlafwandel-Gestirn, der Glut von Blütenblättern,
Am Zorn des Ozeans, fixiert in großen Lettern,
Am Wind mit solchem Hang zu milder Grausamkeit
Vergeh ich ohne Tod – der kommt zur Lebenszeit.

Matrose, steh auf, die Geographie!
Auf Sternenzweigen wiegen sich die Vögel,
Judas, wiedererkannt auf der Photographie,
Der Engel hängt im Netzwerk seiner Segel.

Ob dieser Anhäufung von Anzeigen und Klagen
Verharrt erstaunt der Tod, auf frischer Tat gestellt.
Euch, Sterne, packe ich an euren feisten Kragen:
Na los! Vom Fest der Lärm der Böllerschüsse gellt.

On entend les trains et les airs à l'envers
Et la chute des feuilles du cor de chasse.
La nuit (sa citadelle et son fleuve) enchâsse
Les personnes de ma famille avec du verre.

Jésus vos trois moulins ne tournent plus la nuit.
La rage céleste a fait s'écraser les figues,
Les centurions, les femmes mortes de fatigue,
Le peuple juif lequel adroitement vous nuit.

Doute envahissez-moi jusqu'à charmer le doute
Déchirez le voile aux ronces de Jésus-Christ;
La lune, à pas de loup, vient aux portes, écoute,
Et laisse un signe hébreu avec la craie écrit.

Le seul malheur est que je ne sache pas lire.
Qu'avez-vous fait de moi, écoles de France?
Vos sucres d'orge, vos tambours, vos tire-lires
Sont les premiers accessoires de ma souffrance.

Tout est à recommencer maintenant.
Tout est à recommencer, mon Dieu.
L'âne et le bœuf réchauffent un diamant
Surnaturel. Regardez! Mais regardez-le!

Regardez, il éclaire la neige et les mondes
Il dissimule un mécanisme d'arcs-en-ciel
Sa lueur parcourt Dieu en moins d'une seconde
Cette lueur qui coupe est un rayon de miel.

Man hört verkehrtherum die Weisen, wie den Zug
Und die vom Jagdhorn ausgelösten Blätterfälle.
Die Nacht war es (ihr Strom und ihre Zitadelle)
Die die Verwandten mir in dunkles Glas einschlug.

Von Euren Mühlen wird die Nacht nicht mehr durchpflügt,
Herr Jesus. Himmelszorn ließ schon die Feigen knallen,
Zenturien und erschöpfte Fraun dem Tod verfallen,
Das Volk der Juden, das Euch so geschickt betrügt.

Komm, Zweifel, über mich! Laß dich an mir berauschen,
Zerreiß den Schleier mit den Dornen Jesu-Christ';
Der Mond schleicht wie ein Wolf, kommt an den Türen
  lauschen
Und setzt ein Kreidemal, das wohl hebräisch ist.

Das einzige Malheur ist dies: Ich kann nicht lesen.
Ihr Schulen Frankreichs, was habt ihr aus mir gemacht?
Die Trommeln, Zuckerbrot, Sparbüchsen warn gewesen
Euch erste Accessoirs zum Leid, das ihr gebracht.

Alles entwickelt sich wie längst bekannt.
Beginnt von vorn, mein Gott!, wie's einmal schon begann.
Von Esel, Ochs gewärmt – ein Diamant,
Der überirdisch scheint. Schaut her! Seht Euch das an!

Sein Glanz erhellt den Schnee, die Welt in ihren Weiten,
Verhüllt ein Regenbogenräderwerk aus Stahl,
Sein grelles Licht kann Gott sekundenschnell durchschreiten,
Dies Licht, das schneidet, ist ein gelber Honigstrahl.

Les donateurs aux grenouillères de paille
Sont à genoux à droite et à gauche en rêve;
Ils doivent attendre que le sommeil s'en aille
S'ils veulent redevenir Adam et Ève.

Leur serpent échappé se cache entre les sangles
Des coureurs à cheval sur l'ombre du triangle
Lorsque leur halte écoute, à l'aube de Saint-Cloud,
Les ferrailles du ciel et les hommes qui clouent.

A tour de bras le rameur sous l'arche
Meut l'ombre qui lui fait une étagère.
Il croise si souvent l'eau douce en marche
Qu'il la traite de plus en plus à la légère.

Entre les doigts de l'île ourdit l'araignée
Un navire d'après les lignes de ma main.
Je refuse, voyages, vos lendemains
Sur la mer à ses bords un peu trop contournée.

J'en ai assez des actrices et des acteurs.
Aux angles d'une rue de la fausse bâtisse
Je vous regarde une dernière fois des coulisses
Épouvantail du cerisier des projecteurs.

O mon Dieu je ne suis pas fait pour le délire;
Apollon me tient mal, appelez-moi . . . j'accours
Malgré les crises de nerfs de la lyre
Et ses jambes de folle appelant au secours.

Die Froschtümpel aus Stroh beschenkten, liegen
Auf Knien rechts und links im Traum, sie solln
Warten bis Müdigkeit und Schlaf verfliegen,
Wenn neu zu Adam sie und Eva werden wolln.

Ihr Schlangentier entkam, verbirgt sich nun im glatten
Zaumzeug der Jockeys auf den dreieckigen Schatten,
Du hörst bei ihrer Rast im Morgen von Saint-Cloud
Männer beim Hammerschlag und Himmelsschrott dazu.

Der Ruderer pflügt unterm Brückenbogen
Sein Schattenbild, ein abgestuft Regal.
So oft hat er das Süßwasser durchzogen,
Daß es ihm leichter wird mit jedem Mal.

Zwischen den Inselfingern webt beflissen
Ein Schiff, die Spinne, nach den Linien meiner Hand,
Ich scheute, Reisen, was an Tagen vor Euch stand,
Auf See, an Küsten, die zu scharf umrissen.

Von Schauspielern hab ich genug – ob Frau, ob Mann!
Aus den Kulissen seh ich zu den Straßenecken
Von falschem Mauerwerk, nach dir, dem Vogelschrecken
Am Strahler-Kirschenbaum, und gehe dann.

Herrgott! Ich bin für das Delirium nicht geschaffen;
Apollo hält mich schlecht – kommt ruft . . . ich eil herbei,
Trotz aller Krämpfe, die der Lyra Nerven straffen,
Trotz ihrer so verrückten Beine Hilfeschrei.

JOUEURS DORMANT A L'HOMBRE

Un jeu dangereux est l'hombre.
Parfois des garçons y jouent
La table contre une joue,
Pâles, baignés dans leur ombre.

Ces anges épouvantables,
Dormant à l'hombre en été,
En nage contre la table,
Nagent d'un bras enchanté.

Les dormeurs ont-ils des jambes?
Ont-ils un bas et un haut?
Sont-ils dans l'air ou dans l'eau?
Ont-ils des os dans les membres?
Ont-ils de l'air dans les os?

Le jeu d'hombre est un mystère,
Il se joue entre dormeurs
N'ayant pas les pieds par terre;
Et qui triche à l'hombre meurt.

Tenez, le jeu de la mourre
Est au jeu d'hombre pareil:
Les dormeurs faisant l'amour
Sont expulsés du sommeil.

BEIM L'HOMBRE EINGESCHLAFENE SPIELER

L'hombre – ein Spiel voller Tücken.
So spieln es die Jungen manchmal,
In Schatten gehüllt, wenn sie fahl
Die Wange am Tisch flachdrücken.

Die schrecklichen Engel schlafen
Beim L'hombre im Sommer, wenn's warm,
Sie rudern am Tisch, ihrem Hafen,
In Schweiß, mit bezauberndem Arm.

Ob Schläfer wohl Beine besitzen?
Und stehen sie, ja oder nein?
In Wasser? In Luft? Was mag's sein?
Ob Knochen die Glieder stützen?
Haben sie Luft im Gebein?

L'hombre – ein Rätselgeschehen,
Für das man Schlafende wirbt,
Die nicht auf der Erde stehen;
Und wer betrügen will – stirbt.

Grad wie beim Fingerspiel bleiben
Die Schläfer, beim L'hombre-Spiel, brav:
Wenn sie's miteinander treiben
Dann scheiden sie aus aus dem Schlaf.

LES MAUVAIS ÉLÈVES

Par les veines, les artères,
Est au rêve enraciné
Un homme endormi par terre.

Les enfants tirent la langue, dessinent
En couleurs les fleuves de cette géographie
Extraordinaire des gens nus sans jambes,
Et achètent les photographies en cachette
Où parmi les nerfs glisse le sang bleu.

Contre une carte en relief des Cévennes
Endormis, le poignet nu, les cruels élèves,
Au hasard emportés sur le fleuve des veines,
Empêchent les amis de copier leurs rêves.

Ce système fluvial formé de nœuds
Pensifs, doux affluents, deltas d'artères,
Irrigue un paysage vénéneux,
Mais à peine au-dessus du niveau de la terre.

Ainsi les gens tués par le sommeil meurent
Sous l'orme et leur ombre d'eux s'écoule.
C'est une encre légère le sang des dormeurs,
Qui par la bouche sort des racines du cou.

DIE SCHLECHTEN SCHÜLER

Mit Venen, Arterien gekettet,
Wie mit Wurzelgesenk, an den Traum,
Schläft ein Mann auf die Erde gebettet.

Die Kinder beißen auf die Zunge und bemalen
Die Ströme dieser wundersamen Geographie
Von nackten Menschen ohne Beine,
Und heimlich kaufen sie Photographien,
Wo zwischen Nerven treibt das blaue Blut.

An einen Hochreliefdruck der Cevennen lehnen
Die rohen Schüler sich, im Schlaf, mit bloßer Hand,
Ins Irgendwo gedriftet auf dem Strom der Venen,
Leisten sie Freunden, Traumabschreibern, Widerstand.

Dieses Gewässernetz aus Denkerknoten fließt
Zu Aderndeltas, sanften Nebenwegen,
Vergiftet ist das Land, das es begießt,
Doch knapp schon überm Erdboden gelegen.

So finden manche durch den Schlaf den Tod,
Ihr Schatten sickert ein beim Ulmengrund.
Wie leichte Tinte ist der Schläfer Rot,
Das aus den Halsestiefen rinnt vom Mund.

A BAS LA TERRE

Un oiseau, saccagé par sa maison de pluie,
Sans tête dort bossu. Dieu se cache sous lui.
Dieu tatoué d'oiseaux, même sur le visage,
Est trahi quelquefois par l'ombre d'un grillage.

ENQUÊTE

«Dieu signe-t-il son œuvre au moyen du lézard?»
«L'orage serait-il son autre signature?»
«Quel poème le zèbre a-t-il sous ses ratures?»
«Faut-il rendre à César ce qui est à César?»

Le ciel a ses étoiles,
La terre ses bordels.
Cri du Christ déchirez le voile.
Jésus couronné de cris d'hirondelles,
Apparaissez tonnez dans votre magnésium;
Incendiez la presse et prenez loin de l'homme
Ma photographie éternelle.

NIEDER MIT DER ERDE

Ein Vogel, den sein Haus von Regen ganz zerzaust,
Schläft bucklig, ohne Kopf – Gott unter ihm behaust.
Gott, der selbst im Gesicht mit Vögeln tätowiert,
Wird manchmal durch ein Schattengitter überführt.

UMFRAGE:

»Setzt Gott die Eidechse unters vollbrachte Stück?«
»Ist das Gewitter ihm sein zweites Namenszeichen?«
»Welches Gedicht wollt man wohl auf dem Zebra streichen?«
»Gibt man dem Kaiser, was des Kaisers ist, zurück?«

Die Erde hat ihre Bordelle,
Und Sterne das Himmelszelt.
Schrei Christi, den Vorhang zerspelle!
Jesus, dein Haupt ist Schwalbenschrei-umgellt.
Erscheine! Knall ins Blitzlicht! Setze wild
In Brand die Presse, schieß mein ewig Bild!
Fernab von der Menschenwelt.

L'AGE INGRAT

Il revient à ma mémoire
Que l'enfance aux yeux trompeurs
Se cachait dans les armoires
Pour faire mourir de peur.

Ou bien que, derrière un globe
Terrestre, te souviens-tu
Elle tirait par la robe
Nos sœurs changées en statues.

Tout se passait sur des espèces d'acatènes
Savoir: des bicyclettes bleu de ciel sans chaîne;
On se laissait couler le long d'un mur
De l'âge ingrat dans l'âge mûr.

Que fîmes-nous couchés derrière les groseilles?
A vrai dire surtout des rires moqueurs.
Nos bouches fleurissaient des filles les oreilles,
Près des grenouilles, mortes la main sur le cœur.

DAS FLEGELALTER

Erneut muß ich daran denken,
Wie Kindheit sich hielt versteckt,
Sanftäugig, tief aus den Schränken,
Hat sie zu Tode erschreckt.

Hinter den Globus gekauert,
Zog sie die Schwestern ganz zart
Am Kleid – sie waren erschauert
Und zu Skulpturen erstarrt.

All dies geschah, als ob es keine Reihung hätte:
Fahrräder, himmelblau und gänzlich ohne Kette;
An einer Wand entlang ließ man sich trudelnd fahrn
Vom Flegelalter zu den Reifejahrn.

Und als wir hinter den Johannisbeeren lagen,
Ehrlich, was trieben wir? Vor allem unsern Scherz.
Wir ließen Mädchenohrn, durch Küsse, Blüten schlagen,
Bei Fröschen, die im Tod die Hand noch überm Herz.

SPORT

Ciel couronné d'épine, hirondelles du soir,
Coureurs écervelés, épines, hirondelles,
Les journaux de ce soir ne me parlent que d'elles
Et les astres sont tant qu'on ne sait où s'asseoir.

L'encombrement sidéral tremblote
Sur les rues sans navires la nuit.
On ne parle que d'elles et de lui
Et du passage de la course: Cher ou Lot.

Astres du matin, astres du soir,
Vous avez la réclame, on ne peut tout avoir;
Les poètes naïfs jalousent vos scandales
Hirondelles, oiseaux attachés aux pédales.

SPORT

Himmel, der dorngekrönt, Schwalben im Abendlicht,
Radler mit leichtem Sinn, die Dornen und die Schwalben,
Die Abendpresse spricht von ihnen allenthalben,
Vor Sternen findet man den Platz zum Sitzen nicht.

Der Sternenpulk erzittert, wo kein Boot
Sich Weg bahnt, auf Straßen der Nacht,
Man spricht von ihm und ihnen nur – wer macht
Das Rennen wohl: Cher oder Lot?

Sterne am Morgen- und am Abendsaum,
Reklame habt ihr doch, und alles kriegt man kaum;
Naive Dichter neiden euch eure Skandale,
Ihr Schwalbenvögel, festgeschnallt an die Pedale.

ANGE TIRANT LA LANGUE

Piaille, ange pris au piège, mais n'explique.
(Ce gendarme ne t'écouterait pas)
Tous les carreaux cassés, toutes les flaques,
Portent la grande empreinte de tes pas.

Tu ferais mieux de fondre, garçon de neige;
Au besoin laisse-là ton pied.
Un gendarme et un pied seul pris au piège
Il y aurait de quoi rire, même estropié.

ENGEL, DER DIE ZUNGE HERAUSSTRECKT

Kreisch, doch erklär nichts, Engel in der Falle,
(Weil: der Gendarm hört dir ja doch nicht zu),
Die Pfützen und zerschlagnen Scheiben – alle
Zeigen, in großem Abdruck, deinen Schuh.

Bursche aus Schnee, tau auf, es ist gescheiter!
Zur Not laß deinen Fuß im Eisen stehn,
So ein Gendarm mit Beutefuß – nichts weiter,
Wär, selbst verkrüppelt, spaßig anzusehn.

JEUX MAIS MERVEILLES

Persiennes vous êtes côtes
De crucifié sur la mer.
Fenêtres on compte les côtes
Entre vos bras de verre ouverts.

Zèbres du soleil et des vagues
Zèbres bousculez au plafond
Les revenants d'angles et d'algues
En l'eau du plafond profond.

Faux marbre fou d'ambre d'ombre
Des vagues et du soleil
Tatouant toute la chambre
Où débouche mon sommeil.

SPIELE DOCH WUNDER

Ihr Fensterläden seid Klippen
Des Mannes am Kreuz überm Meer.
Fenster, man zählt eure Rippen
Zwischen den Glasarmen her.

Zebras aus Sonne und Wogen,
Stöbert die Geister hervor,
Die Winkel und Algen bezogen –
Vom Deckengrund stoßt sie empor!

Falscher Marmor, nach Ambra von Schatten
Aus Wogen und Sonnenlicht wild,
Die ins Zimmer sich eingebrannt hatten,
Welchem mein Schlummer entquillt.

LE DIMANCHE MATIN

Le dimanche matin échangent des paris
Les cyclistes vêtus de leurs initiales.
Cyclistes et rois fainéants des Halles
Votre fleuve d'amour orne Paris.

Les maraîchers dorment au ciel sur les roses;
Les coureurs chevauchant la ligne d'horizon,
De la terre et du ciel illustres virtuoses,
S'éloignent comme le cri du diapason.

Je vous salue en vers, coureurs cyclistes,
Assis sur les bancs de la banlieue
Avec une grande main chaste au milieu
De vos jambes paysagistes.

SONNTAGMORGEN

Sie schließen sonntags, früh am Morgen, Wetten ab,
Radfahrer, ausstaffiert mit ihren Initialen.
Ihr faulen Hallenkönige auf den Pedalen
Eilt schmückend ganz Paris als Liebesstrom hinab.

Am freien Himmel ruhn die Gärtner auf den Rosen;
Die Sprinter reiten dicht am Horizont vorbei,
Vor Erd und Himmel ziehn die großen Virtuosen
Ins Weite hin wie von der Stimmgabel der Schrei.

Mein Versgruß soll euch Rennfahrern erscheinen,
Wenn ihr auf Bänken sitzt, am Vorstadtrand,
Mit einer großen keuschen Unschuldshand
Auf euren ländlichen Beinen.

JE VOLE EN RÊVE

Vous avez mes oiseaux et les pattes de craie.
Sur l'ardoise
J'apprivoise
Et je lave les secrets.

Vous avez mes ciseaux et l'écume de plumes.
Mais que faire
L'eau s'allume
Et il pleut du fil de fer?

Vous avez une éponge et pattes de ficelle.
Sur le dos
Une selle
Et l'ardoise des oiseaux.

ICH FLIEGE IM TRAUM

Meine Vögel habt ihr und Kralln, die kreideweiß.
Den Schiefer nehm ich,
Mysterien zähm ich,
Lösch sie dann – geb keines preis.

Meine Scheren habt ihr, eure Federn entstammen
Dem Schaum. Doch was tun?
Das Wasser schlägt Flammen,
Und es regnet Drähte nun.

Einen Schwamm habt ihr auch und Bindfadenkralln.
Müßt auf den Rücken
Die Sättel festschnalln
Mit den Vogel-Schieferstücken.

DIMANCHE SOIR

Sur une mer en l'air de maisons et de vide
Rappelez-vous le bal: un bateau fait en fil.
Les marins enroulés que la valse dévide
Offraient aux amateurs un grand choix de profils.

Le piano d'amour, les marins mécaniques,
Les filles méprisant les bras nus des rameurs;
Quelquefois sur la piste un jeune épileptique
Se battait contre l'ange et poussait des clameurs.

Loin la lune éclairait une léproserie,
De pâles corridors, des arcades autour,
Où les voleurs d'enfants, chers aux Saintes Marie,
Détellent les chevaux et battent le tambour.

Ce n'étaient que maisons qui naufragent, qui plongent;
Et les balcons partout chargés d'ombres d'amants,
Au lieu de s'échapper loin de leurs bâtiments,
Se laissaient avec eux engloutir par le songe.

SONNTAGABEND

Auf einem Meer im Schwall von Häusern und von Leere . . .
Erinnert euch des Balls: ein feingesponnen Boot.
Matrosen, abgerollt vom Walzer; in der Kehre
Sahn die Bewundrer ihr Profile-Angebot.

Matrosen, Puppen gleich, und das Klavier der Liebe,
Den Mädchen schien der Rudrer nackter Arm gering;
Ein Epileptiker, beim Tanz, versetzte Hiebe
Dem Engel, wobei er noch wüst zu schrein anfing.

Mit bleichen Korridorn ruht fern, im Mondenfeuer,
Ein Leprosarium aus, um das Arkaden führn,
Wo Kinderräuber (Sankt Marien lieb und teuer)
Die Pferde ausschirrn und dazu die Trommel rührn.

Wie lecke Schiffe sah man Haus um Haus versacken,
Und ringsum die Balkons, voll Schattenpärchen schon,
Ließen sich, statt daß sie ihre Gebäude flohn,
Genau wie jene auch vom Schlund des Traumes packen.

PRAIRIE LÉGÈRE

Être de l'opium les prairies légères,
Il n'y a rien de tel pour un cœur trop blessé;
On veut me réapprendre la vie étrangère
Et que j'invite au bal les filles à danser.

On veut me changer d'ailes en somme.
J'avais à mon esprit des ailes de fumée;
On veut que repoussent mes ailes d'homme,
Ce qui fait mal, surtout à la fin des journées.

Mes ailes cela coûte un prix fou chaque plume.
Jadis la pipe ailait l'oiseleur oiselé...
J'étais liège sur l'eau, nuage en l'air, écume,
Je montais, étendu sur le tapis ailé.

Là, semblable au sureau qui vole avec ses moelles
(Il vole sans bouger comme un homme qui dort)
Tatoué jusqu'à l'âme et pétillant d'étoiles
Je profitais vivant du mensonge des morts.

Tes bonheurs sont pipés et le malheur te pipe.
Voilà ce que le sage inscrira sur sa pipe.
Cependant qu'il est cher à notre esprit chagrin,
Le pavot sinueux couronné de ses grains.

FLÜCHTIGE WIESE

Flüchtige Wiesen, die in Opiumdünsten schweben,
Was gibt es Bessres für ein Herz, das zu sehr litt?
Aufs neue lehren will man mich das fremde Leben,
In dem ich Mädchen treu und brav zum Tanze bitt.

Man will die Flügel mir vertauschen – sie verdrießen.
In meinem Geist war ich von Rauchschwingen umweht;
Jetzt solln an ihrer Statt mir Menschenflügel sprießen,
Das schmerzt, besonders wenn der Tag zur Neige geht.

Ein Heidengeld muß man für solche Federn stellen –
Mit denen Pfeifen einst, zum Vogelfang, besteckt . . .
Schaum war ich, Wolke, schwamm als Korken auf den Wellen,
Stieg in die Lüfte, auf den Flugteppich gestreckt.

Dort, dem Holunder gleich (mit seinen Markesstücken
Fliegt er so reglos wie ein Schlafender dahin),
Mit Sternen tätowiert, die selbst die Seele schmücken,
Zog aus dem Lügennetz der Toten ich Gewinn.

»Das Glück ist schon verraucht, das Unglück raucht an dir.«
Das schrieb ein Weiser auf den Pfeifenstiel. Doch wir
Verehren, was die Zeit der Trübsal uns verschönt:
Den hochgewachsnen Mohn, vom Samenkranz bekrönt.

Je possédais l'arbre céleste des artères.
Le silence est musique aux flûtes de bambou;
Mais les bourreaux chinois veulent me faire taire
Et caressent la mort pour en venir à bout.

Le songe aboutissant aux rizières de Chine,
Il fallait longer la muraille de Pékin.
Les docteurs de Paris réparent la machine
Et dehors j'aperçois rôder jaunes coquins.

Je ne dirai jamais le chiffre du silence,
La route j'oublierai qui mène au ciel des cieux,
Sachant que les Chinois sur la pointe des lances
Plantent la tête du bavard silencieux.

(Maison de Santé.)

Der Himmelsbaum war mein, Gewächs von Adernschlingen.
Wo Stille als Musik aus Bambusflöten dringt,
Wolln Chinas Henker mich gleichwohl zum Schweigen bringen
Und streicheln zart den Tod, damit es auch gelingt.

An Reisflurn stieß der Traum, die Chinas Weiten zieren,
An Pekings Mauer zog er fort und kam zum Stehn.
Doktoren aus Paris sind jetzt beim Reparieren,
Und gelbe Schlingel kann ich draußen stromern sehn.

Den Code des Schweigens werd ich niemals euch entdecken,
Vergeß den Weg, der hoch zum Himmelszelte führt,
Weil die Chinesen ja auf Lanzenspitzen stecken
Den Kopf des Schwätzers, stumm und ziemlich ungerührt.

(Heilanstalt)

EURYDICE

A Heurtebise.

Ah! tu en pousses des cris mélodieux, Orphée.
Ce n'est pas difficile avec ta harpe fée;
Tu as tort, tu es fou de torturer une ombre,
De tuer la tortue et d'arracher tes membres.
Il mêle à l'or des dieux l'écharpe du conscrit
Orphée au bec de carpe criant l'ode.
L'hirondelle chavire et pousse d'autres cris
Que ceux qui te liront pour l'amour d'elle
Et l'âme de son nom (ce serait trop commode)
Sur l'ardoise effacé par un virage d'aile.
Non, non et non.

ŒDIPE ROI

Œdipe illustre, le péan, Créon, Jocaste,
Tout ce joli monde à des balustrades en craie
Jacasse terriblement vu de près;
Et pousse des cris vers l'est et l'ouest
Du haut de l'estrade en pierre non payante
Où s'étale le grand pouce du pied d'Œdipe.

EURYDIKE

Für Heurtebise

Orpheus, dein Schreien kommt als Melodie einher.
Die Feenharfe macht dir das nicht allzu schwer.
Nur einen Schemen quält dein närrisches Betragen.
Reißt dir ein Bein aus! Willst die Schildkröte erschlagen!
Rekrutenschärpe hat mit Göttergold gepaart
Orpheus, der Oden laut mit Karpfenmaul geschrieen.
Die Schwalbe kippt und schreit dabei auf andre Art,
Als der dich lesen wird, um ihrer Liebe wegen
Und ihres Namens Geist (das wär zu leicht gediehen),
Auf Schiefer, abgewischt von ein paar Flügelschlägen.
Nein, nein und nochmals nein.

KÖNIG ÖDIPUS

Berühmter Ödipus, der Päan, Kreon, Jokaste,
All diese feine Welt an Kreidebalustraden
Schwatzt unentwegt, man sieht sie schrecklich nah;
Stößt dazu Schreie aus gen Ost und West,
Von Gratisplätzen auf der steinernen Estrade,
Wo sich die große Zehe zeigt, vom Fuße Ödipus'.

LA TOISON D'OR

Bouclée, bouclée, l'antiquité. Plate et roulée, l'éternité. Plate, bouclée et cannelée, j'imagine l'antiquité. Haute du nez, bouclée du pied. Plissée de la tête aux pieds.

Plate et roulée, l'éternité. Plate, bouclée, l'antiquité. Plate, bouclée et annelée; annelée et cannelée. Ailée, moulée, moutonnée. La rose mouillée, festonnée, boutonnée et déboutonnée. La mer sculptée et contournée. La colonne aux cheveux frisés. Antiquité bouclée, bouclée: Jeunesse de l'éternité!

DAS GOLDENE VLIES

Gelockt, gereiht, Antike-Zeit. Gerollt und breit, die Ewigkeit. Geschweift, gestreift und dazu breit, so denk ich mir antike Zeit. Die Nase hoch, gelockt am Fuß. Von Kopf bis Fuß im Faltenfluß.

Gerollt und breit, die Ewigkeit. Gelockt und breit, Antike-Zeit. Gerieft, breit und kraus darüber hinaus. Geflügelt, plastisch, schäfchenkraus. Die Rose, wasserübersprüht, geschweift, noch knospend, schon erblüht. Umrissen fein – das Meer aus Stein. Die Säule trägt ihr Haar gelegt. Antike-Zeit, gelockt, gereiht: Das Jugendbild der Ewigkeit!

Leur rêve :
aller au
grand Ecart !
Villefranche/mer
Jean

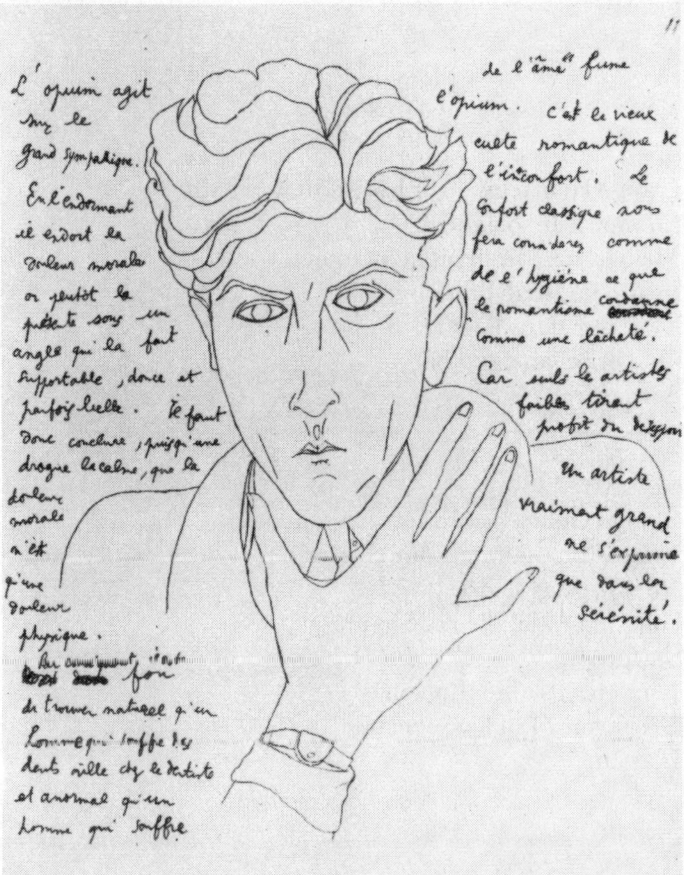
11
L'opium agit
sur le
grand sympathique.
En l'endormant
il endort la
douleur morale
ou plutôt la
présente sous un
angle qui la fait
supportable, douce et
parfois belle. Il faut
donc conclure, puisqu'une
drogue la calme, que la
douleur
morale
n'est
qu'une
douleur
physique.
fou
de trouver naturel qu'un
homme qui souffre les
dents aille chez le dentiste
et anormal qu'un
homme qui souffre
de l'âme" fume
l'opium. C'est le vieux
culte romantique de
l'inconfort. Le
confort classique nous
fera considérer comme
de l'hygiène ce que
le romantisme condamne
comme une lâcheté.
Car seuls les artistes
faibles tirent
profit du désespoir
Un artiste
vraiment grand
ne s'exprime
que dans la
sérénité.

L'ANGE HEURTEBISE

I

L'ange Heurtebise, sur les gradins
En moire de son aile,
Me bat, me rafraîchit la mémoire,
Le gredin, seul, immobile
Avec moi dans l'agate,
Que brise, âne, ton bât
Surnaturel.

II

L'ange Heurtebise, d'une brutalité
Incroyable saute sur moi. De grâce
Ne saute pas si fort,
Garçon bestial, fleur de haute
Stature.
Je m'en suis alité. En voilà
Des façons. J'ai l'as; constate.
L'as-tu?

III

L'ange Heurtebise me pousse;
Et vous roi Jésus, miséricorde,
Me hissez, m'attirez jusqu'à l'angle
Droit de vos genoux pointus;
Plaisir sans mélange. Pouce! dénoue
La corde, je meurs.

DER ENGEL HEURTEBISE

I

Der Engel Heurtebise, auf den Terrassenstufen
Im weißen Fell seines Flügels,
Schlägt mich, frischt mein Gedächtnis auf,
Der Lump, allein, bewegungslos
Mit mir zusammen im Achat,
Den dein übernatürlicher Packsattel, Esel,
Zerbricht.

II

Der Engel Heurtebise springt mich an,
Unvorstellbar brutal. Erbarmen!
Geh nicht so auf mich los,
Ungehobelter Kerl, hochgewachsene
Blume
So lieg ich danieder. Das
Kommt davon. Ich habe das As, schau her!
Hast du's?

III

Der Engel Heurtebise treibt mich voran;
Und Ihr, König Jesus, Allbarmherziger,
Erhöht mich, zieht mich zum rechten
Winkel Eurer spitzen Knie;
Ungetrübtes Vergnügen. Daumen! Entknote
Den Strick, ich sterbe.

IV

L'ange Heurtebise et l'ange
Cégeste tué à la guerre – quel nom
Inouï – jouent
Le rôle des épouvantails
Dont le geste *non* effraye
Les cerises du cerisier céleste,
Sous le vantail de l'église
Habituée au geste *oui*.

V

Ange Heurtebise, mon ange gardien,
Je te garde, je te heurte,
Je te brise, je te change
De gare, d'heure.
En garde été! Je te défie,
Si tu es un homme. Avoue,
Mon ange de céruse, ta beauté
Prise en photographie par une
Explosion de magnésium.

VI

Ange Heurtebise, en robe d'eau,
Mon ange aimé, la grâce
Me fait mal. J'ai mal
A Dieu, il me torture.
En moi le démon est tortue, animal
Jadis mélodieux. Arrive,

IV

Der Engel Heurtebise und der Engel
Cégeste, der gefallen im Krieg, – welch seltsamer
Name – schlüpfen
In die Rolle von Vogelscheuchen.
Deren verneinende Gebärde schreckt
Die Kirschen des Himmelskirschenbaumes,
Unter den Fensterflügeln der Kirche,
Die beifälliges Nicken nur gewöhnt.

V

Engel Heurtebise, mein Schutzengel,
Ich schütze dich, stoße dich an,
Erschöpfe dich, ändere dir
Bahnhof und Stunde.
Sommer, sei auf der Hut! Ich fordere dich,
Wenn du ein Mann bist. Gestehe,
Mein bleiweißer Engel, deine Schönheit
Ward auf das Photo gebannt durch einen
Magnesiumblitz.

VI

Engel Heurtebise, im Wassergewand,
Mein geliebter Engel, die Gunst
Schadet mir. Ich habe Schmerzen
Bei Gott, er martert mich.
Der Dämon in mir ist – Schildkröte, ehemals
Melodisches Tier. Komm,

Sors de l'agate
Dure fumée, ô vitesse qui tue.
Sur tes patins de diamant raye
Le miroir des malades.
Les murs
Les murs
Ont des oreilles
Et les miroirs
Des yeux d'amant.

VII

Ange Heurtebise, abonde, moëlle
D'avion en sureau et en toile d'albâtre.
C'est l'heure. Il faut encore
Descendre à mon secours, la tête
La première, à travers le verre
Sans défaut des yeux, le vide, l'île
Où chante l'âtre. Sors ton épée,
Viens au ralenti folle étoile.
Que n'ai-je ton corps? Ah!
Si nous avions tes hanches
Drapées de pierre, méchante
Bête à bon Dieu.

VIII

L'ange Heurtebise, aux pieds d'animal
Bleu de ciel, est venu. Je suis seul,
Tout nu sans Ève, sans moustaches,
Sans carte.

Tritt aus dem Achat,
Verhärteter Rauch, o tötende Schnelle.
Auf deinen demantenen Schlittschuhen schramme
Den Spiegel der Kranken.
Die Wände
Die Wände
Haben Ohren
Und die Spiegel
Die Augen des Liebsten.

VII

Engel Heurtebise, schwelle! Markflugzeug
Aus Holunder und schneeweißem Tuche.
Die Stunde ist da. Man muß noch
Hinabsteigen, um mir Hilfe zu bringen, den Kopf
Zuerst, durch das makellose
Glas der Augen, die Leere, die Insel,
Wo das Herdfeuer summt. Ziehe dein Schwert,
Nahe bedächtigen Schritts, du närrischer Stern!
Habe ich nicht deinen Leib? Ach!
Hätten wir doch deine Hüften,
Im Faltenwurf aus Stein, boshafter
Marienkäfer.

VIII

Der Engel Heurtebise ist gekommen.
Auf himmelblauen Tierfüßen. Ich bin allein,
Splitternackt, ohne Eva, ohne Schnurrbart,
Ohne Karte.

Les abeilles de Salomon
S'écartent, car je mange très mal mon miel
De thym amer, mon miel des Andes.
En bas, la mer ce matin recopie
Cent fois le verbe aimer. Des anges d'ouate
Les indécents, les sales,
Sur l'herbe traient les pis des grandes
Vaches géographiques.

IX

Ange Heurtebise, je triomphe:
La colère, le chiffre 13,
Mélangent à rebrousse-poil
Tes moires blanches,
Gonflent tes voiles d'une
Façon toute neuve.
Jamais, leçons ne me plûtes; J'appris
Coûte que coûte,
Les affluents de l'Oise, le nom
Des branches d'arbre, la brousse
Du mois de Mai.
Oiseleur tu perds ta mie, apprivoise
Plutôt les statues.
Des oiseaux ce sont les amies;
Le marbre est très influent.

X

Ange Heurtebise, dites l'Ave.
Un pied sur la tortue un autre sur
L'aile, c'est jongler avec
Plume et boulet de canon.

Die Bienen Salomos
Enteilen, so schlecht esse ich meinen Honig
Von bitterem Thymian, meinen Andenhonig.
Drunten schreibt das Meer an diesem Morgen
Hundertmal das Verbum »lieben« ab. Engel aus Watte,
Unanständig und schmutzig,
Melken im Grase die Euter der großen
Geographischen Kühe.

IX

Engel Heurtebise, ich triumphiere:
Der Zorn, die Zahl 13
Wuscheln gegen den Strich
Deinen weißen Pelzbesatz,
Blähen deine Segel
Auf völlig neue Art.
Nie habt ihr Schulstunden mir gefallen; ich lernte
Koste es, was es wolle,
Die Zuflüsse der Oise, den Namen
Der Baumäste, das Gesträuch
Des Monats Mai.
Vogelfänger, du vergeudest deine Krumen, zähme
Lieber die Statuen.
Vögel, das sind Freundinnen;
Der Marmor hingegen ist einflußreich.

X

Engel Heurtebise, bete das Ave.
Einen Fuß auf der Schildkröte, den anderen
auf dem Flügel, das heißt jonglieren mit
Feder und Kanonenkugel.

J'eus des torts, j'en conviens: nous nous plûmes
Après le jeûne. Ange Heurtebise, la terre
Mi-soleil, mi-ombre, a tout d'une
Panthère de la jungle. Non?
Eh bien j'en suis sûr et vous ordonne
De vous taire. Vous avez
Du sang au bec, mon jeune ami.

XI

L'ange Heurtebise, rue d'Anjou,
Le dimanche, joue aux faux pas
Sur le toit, boite marelle
A cloche-pied, voletant comme pie
Ou merle, ses joues en feu.
Attention, dites-moi tu.
Heurtebise, mon bel
Estropié, on nous épie à droite.
Cache tes perles, tes ciseaux;
Il ne faut pas qu'on te tue,
Car en te tuant chaque mois
Moi on me tue et pas toi.
Ange ou feu? Trop tard. En joue
Feu!
Il tombe fusillé par les soldats de Dieu.

XII

La mort de l'ange Heurtebise
Fut la mort de l'ange, la mort
Heurtebise fut une mort d'ange,
Une mort d'ange Heurtebise,

Ich hatte unrecht, ich räume es ein: Wir gefielen uns
Nach dem Fasten. Engel Heurtebise, die Erde
Halb Sonne, halb Schatten, ist ganz und gar
Dschungelpanther. Nein?
Nun, ich bin davon überzeugt und befehle Ihnen
Zu schweigen. Sie haben
Blut am Schnabel, mein junger Freund.

XI

Der Engel Heurtebise, Rue d'Anjou,
Spielt sonntags stolpernd
Auf dem Dache Himmel und Hölle;
Er hüpft, flattert dabei wie Elster
Oder Amsel, mit feuerroten Wangen.
Aufgepaßt, sag du zu mir!
Heurtebise, mein schöner
Krüppel, man beobachtet uns von rechts.
Verbirg deine Perlen, deine Scheren;
Man darf dich nicht umbringen,
Denn wenn man dich allmonatlich tötet,
Dann tötet man mich und nicht dich.
Engel oder Feuer? Zu spät. Legt an,
Feuer!
Er sinkt nieder, erschossen von Gottes Soldaten.

XII

Der Tod des Engels Heurtebise
War der Tod des Engels, der Tod
Heurtebises war ein engelhafter Tod,
Ein Engel-Heurtebise-Tod.

Un mystère du change, un as
Qui manque au jeu, un crime
Que le pampre enlace, un cep
De lune, un chant de cygne qui mord.
Un autre ange le remplace dont je
Ne savais pas le nom hier;
En dernière heure: Cégeste.

XIII

Heurtebise, ô mon cygne, ouvre
Ta cachette peu sûre. Une feuille
De vigne mise sur l'âme
Impudique, je t'achète
Au nom du Louvre, que l'Amérique
Le veuille ou non.

XIV

Heurtebise ne t'écarte.
Plus de mon âme, j'accepte.
Fais ce que dois, beauté.
Qu'il est laid le bonheur qu'on veut,
Qu'il est beau le malheur qu'on a.
Cheveux d'ange Heurtebise, lourd
Sceptre mâle, danger de l'eau,
Du lait, malle de bonne en gare,
Au regard de cet élégant animal
Sur la carte qui bouge: mon tombeau
De l'île aux doigts écartés.
Le malheur gante du sept.

Ein Verwandlungswunder, ein As,
Das im Spiel fehlt, ein Verbrechen,
Welches die Rebe umschlingt, ein Weinstock
Des Mondes, ein beißender Schwanengesang.
Ein anderer Engel, dessen Namen
Ich gestern noch nicht kannte, tritt
In letzter Minute an seinen Platz: Cégeste.

XIII

Heurtebise, o mein Schwan, gib
Dein unsicheres Versteck preis. Ein Weinblatt
Auf die anstößige Seele
Gelegt, kaufe ich dich
Im Auftrag des Louvre, ob es Amerika
Nun paßt oder nicht.

XIV

Heurtebise, entferne dich
Nicht weiter meiner Seele, ich stimme zu.
Tue, was du tun mußt, Schönheit.
Wie häßlich ist das Glück, das man begehrt,
Wie schön ist doch das Unglück, das man hat.
Engelshaar von Heurtebise, schweres
Männliches Zepter, Gefahr aus Wasser,
Aus Milch, Dienstmädchenkoffer dort im Bahnhof,
Im Blickfeld dieses eleganten Tieres,
Auf der zuckenden Karte: Mein Grab
Auf der Insel mit gespreizten Fingern.
Das Unglück hat Handschuhgröße sieben.

XV

Ange Heurtebise, les papillons battent
Mollement des mains malgré la nue.
Les soupapes et les oreillettes du cœur,
Fleur de l'aorte, anthracite,
Ouragan des points cardinaux.
Cordages de la nuit,
La lune écoute aux portes.
La rose n'a pas d'âge,
Elle a ses becs, ses gants,
Et les journaux la citent
Avec les acrobates
Que la nuit et le jour
Échangent sans amour.

PROCÈS-VERBAL

Dans la nuit du . . . Quai . . . Les anges:
Heurtebise, Elzévir, Dimanche, Cégeste,
Après avoir . . . ont . . . du sexe féminin . . .
Il paraîtrait . . . malgré l'heure . . .
Elles virent . . . lumière diffuse . . . l'âne . . .
Fit mine de . . . une aile . . . par le manche
En fer . . . sur la bouche . . . l'atrocité
Du geste.

Menés au poste, ils refusèrent
De s'expliquer, bien entendu.

XV

Engel Heurtebise, die Falter klatschen
Sacht in die Hände, trotz der Wolke.
Die Herzklappen und -ohren,
Aortenblume, Anthrazit,
Orkan der vier Himmelsrichtungen.
Tauwerk der Nacht,
Der Mond lauscht an den Türen.
Die Rose kennt kein Alter,
Sie hat ihre Schnäbel, ihre Handschuhe,
Und die Zeitungen erwähnen sie
Zusammen mit den Akrobaten, die
Der Tag und die Nacht so lieblos
Untereinander tauschen.

VERNEHMUNGSPROTOKOLL

In der Nacht vom ... Quai ... Die Engel:
Heurtebise, Elzévir, Dimanche, Cégeste,
Nachdem sie ... haben ... weiblichen Geschlechts ...
Erschien es ... trotz der späten Stunde ...
Sahen sie ... diffusen Lichtschein ... der Esel ...
Machte Anstalten zu ... ein Flügel ... durch den Ärmel
Aus Eisen ... auf den Mund ... die Widerwärtigkeit
Dieser Geste.

Zur Wache geführt, weigerten sie sich
Freilich ihr Tun zu erklären.

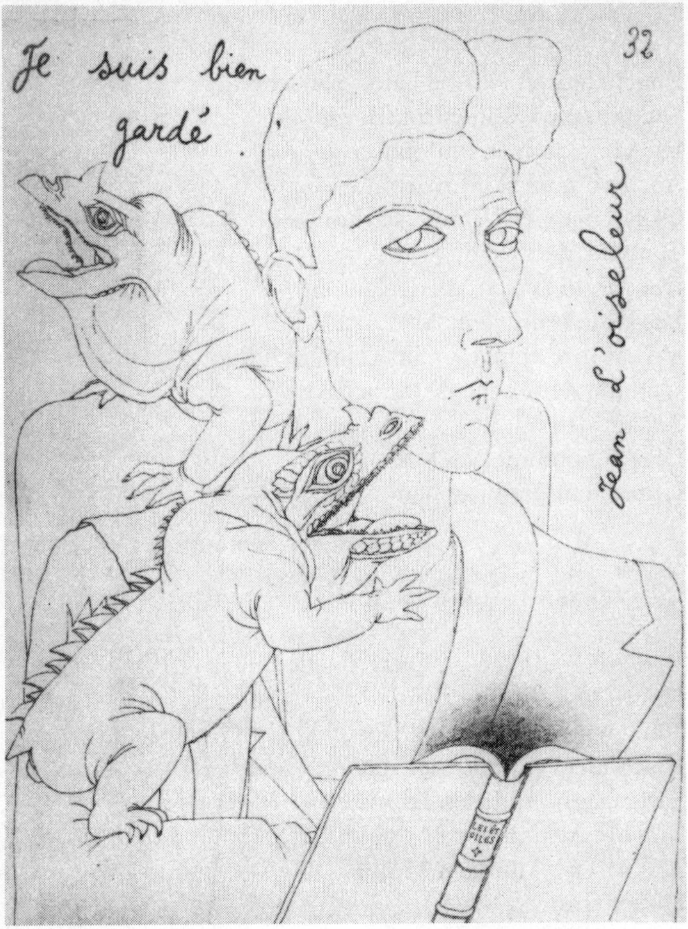
Je suis bien gardé
32
Jean L'oiseleur

MUSEE SECRET

☆

GEHEIMES MUSEUM

LE BUSTE

Il fallait y penser, voilà tout. Résoudre ce problème exige une certaine connaissance des propriétés mystérieuses du marbre. Bref, voici comment procédait le buste romain.

Il attendait la nuit noire. Alors, dépliant le lacet dont la sinuosité, sans oublier celle des orbites, de l'arcade sourcilière, des narines, des oreilles, des lèvres, formait ses innombrables profils, dépliant, dis-je, avec méthode, plus longue qu'un fleuve, plus solide que l'acier, plus souple que la soie, cette chose vivante, propre à se mettre en vrille, à percer les murailles, à se glisser sous les portes et par les trous des serrures, attentif (sans perdre de vue son ouvrage) à retenir les moindres nœuds qu'il défaisait et qu'il lui faudrait exactement refaire au retour sous peine de mort, le buste ingénieux et cruel, après avoir traversé plusieurs immeubles nocturnes, étranglait l'homme endormi.

DIE BÜSTE

Man hätte daran denken müssen, das ist alles. Um dieses Problem lösen zu können, bedarf es einer gewissen Kenntnis der geheimnisvollen Eigenschaften des Marmors. Im folgenden sei kurz dargelegt, wie die römische Büste verfuhr.

Sie wartete die Dunkelheit ab. Dann entrollte sie das verschlungene Band, dessen Kontur (nicht zu vergessen jene der Augenhöhlen, der Brauenbögen, der Nasenlöcher, der Ohrmuscheln, der Lippen) ihre zahllosen Profile erstehen ließ, entfaltete sie es also mit Methode, länger als einen Fluß, fester als Stahl, geschmeidiger als Seide, dieses lebende Ding, imstande, sich einzubohren, Mauerwerk zu durchdringen, sich unter Türen zu schieben und durch Schlüssellöcher zu gleiten, sorgfältig – ohne indes ihr Vorhaben aus den Augen zu verlieren – darauf bedacht, sich der kleinsten Verknotungen zu entsinnen, die sie löste und nach ihrer Rückkehr bei Todesstrafe neu knüpfen mußte, durchquerte die geniale und grausame Büste mehrere nächtliche Gebäude und erdrosselte den eingeschlafenen Mann.

LE THÉÂTRE GREC

Décrire ce piège serait malaisé. D'abord, qui l'a vu? Personne. Selon nous (et certains indices le prouvent) un assemblage de pièces vivantes nécessitant une discipline ou une complicité de plusieurs siècles, le piège était plutôt une seule chose plate pliée avec un sens magistral de l'espace.

A cet angle solitaire de la rue, afin de pouvoir se mettre autour du malheureux et obtenir la profondeur, il est probable qu'il joua du phénomène grâce auquel les pieds d'un noctambule marchant sur le trottoir de gauche s'entendent sur le trottoir de droite, et employa, comme la double photographie du stéréoscope, ces deux trottoirs parallèles, d'aspect inoffensif. Toujours est-il qu'en un clin d'œil, l'homme fut happé, entraîné, déshabillé, scalpé, châtré, écorché vif, aveugle, et recouvert d'un costume d'Œdipe, au milieu d'innombrables rires, dominés par une voix fraîche criant: *C'est bien fait!*

DAS GRIECHISCHE THEATER

Es fiele schwer, diese Falle zu beschreiben. Zunächst einmal, wer hat sie gesehen? Niemand. Unserer Meinung nach (und gewisse Indizien beweisen es) bedarf das Zusammengehen von lebendigen Einzelteilen einer Disziplin oder der verschworenen Gemeinschaft mehrerer Jahrhunderte, die Falle hingegen war ein einziges, flaches, mit meisterlichem Raumsinn zusammengefaltetes Gebilde.

Um den Unglücklichen an dieser abgelegenen Straßenecke zu umschließen und Tiefe zu erlangen, machte sie sich wahrscheinlich jenes Phänomen zunutze, dank dessen die Schritte eines nächtlichen Passanten auf dem linken Gehsteig auch auf dem rechten zu vernehmen sind, und verwendete diese beiden, harmlos wirkenden Fußwege gleichsam als stereoskopisches Doppelbild. Jedenfalls wurde der Mann im Handumdrehn erfaßt, eingesogen, entkleidet, skalpiert, entmannt, bei lebendigem Leibe gehäutet, blindgestochen und in ein Ödipus-Kostüm gehüllt, inmitten unmäßigen Gelächters, übertönt von dem Ruf einer kühlen Stimme: Recht so!

NUIT BLANCHE
ou
PIGEON-TERREUR

Ce pigeon sait ce qu'il fait et rien n'exprime le silence de sa démarche mécanique mal imitée. D'abord il a toutes les apparences d'un jouet inoffensif, d'un pigeon de caoutchouc. Ensuite on remarque sa lourdeur de main morte, sa lenteur de main de voleur. Il se croit invisible, mais son œil, son cou blanc apparaissent sur l'ardoise des rêves, et son bec, ses pattes noirs sur le linge des insomnies. A l'improviste (et le cœur cesse de battre) il passe au bout d'un corridor, il traverse une buanderie, il pousse la porte d'une salle d'études, il disparaît à l'angle d'un escalier obscur.

Autre signe, cet attrape-nigauds: voler et voler. «Pigeon vole!» c'est charmant. Moins charmant lorsque pigeon vole des lettres, des dates, des objets.

Mais que faire? Le moindre geste maladroit risquant d'avertir le pigeon-terreur.

WEISSE NACHT
oder
SCHRECKENSTAUBE

Diese Taube weiß, was sie tut, und unbeschreiblich ist die Lautlosigkeit ihres schlecht nachgeahmten mechanischen Schreitens. Auf den ersten Blick sieht sie in jeder Hinsicht aus wie ein harmloses Spielzeug, eine Gummitaube. Dann bemerkt man, daß sie so schwer ist wie die Hand eines Toten, so langsam wie die Hand eines Diebes. Sie hält sich für unsichtbar, aber ihr Auge, ihr weißer Hals, erscheinen auf dem Schiefer der Träume und ihr Schnabel, ihre schwarzen Füße auf dem Linnen der Schlaflosigkeit. Unerwartet (der Herzschlag setzt einem aus) läuft sie zum Ende eines Korridors, durchquert ein Waschhaus, stößt die Tür einer Studierstube auf, verschwindet in einem dunklen Treppenwinkel.

Ein anderes Merkmal, diese Durchtriebenheit: fliegen und stehlen. »Taube flieg!« Das ist charmant. Weniger charmant ist es, wenn die Taube Briefe stiehlt, Daten, Gegenstände.

Aber was kann man tun? Bei der kleinsten unbeherrschten Bewegung läuft man Gefahr, die Schreckenstaube auf sich aufmerksam zu machen.

DÉCOUVERTE DES PATTES DU SPHINX
en 1926

Une main de femme qui coupe, une main coupée de femme, retourne comme une plume le bloc des cartes sans cœur. Une main d'homme battait les cartes. Une main de femme change l'ordre des calculs éternels.

On a découvert les pattes du sphinx. Le sphinx trichait.

Hélas, les dupes ne se comptent plus. Les immeubles souterrains en témoignent, remplis de rois empaillés, de rois empaillés et dorés, de rois dorés et adorés.

Certes l'intelligence discrète de la police et des archéologues mérite nos éloges, mais on oublie trop quel rôle jouait la main du Nil dans cette formidable entreprise de mort.

Chaque jour une ruse nouvelle nous saute aux yeux (croix des ânes, barbiche des colosses). N'empêche que depuis plusieurs siècles l'Égypte commet impunément ses crimes sous le masque hypocrite de la beauté.

ENTDECKUNG DER PRANKEN DER SPHINX
im Jahre 1926

Eine Frauenhand, die abhebt, eine abgeschnittene Frauenhand, wendet wie eine Feder den Stoß von Karten ohne Herz. Eine Männerhand mischt die Karten. Eine Frauenhand stellt die Folge ewiger Berechnungen um.

Man hat die Pranken der Sphinx entdeckt. Die Sphinx betrog.

Ach, die Geprellten sind nicht mehr zu zählen. Die unterirdischen Bauten zeugen davon, angefüllt mit ausgestopften Königen, ausgestopft und vergoldet, vergoldet und vergöttert.

Sicher, die diskrete Zusammenarbeit von Polizei und Archäologen verdient unsere Hochachtung, aber man vergißt dabei allzu leicht, welche Rolle die Hand des Nils bei diesem großartigen Todesunternehmen gespielt hat.

Tagtäglich kommt uns eine neue List vor Augen (Kreuze aus Eseln, Spitzbart der Kolosse). Nichtsdestotrotz begeht Ägypten seit vielen Jahrhunderten ungestraft seine Verbrechen unter der scheinheiligen Maske der Schönheit.

MARTINGALE

Regardez une plate-bande de géraniums sur une pelouse de Monte-Carlo et fermez les yeux, vous verrez la pelouse rouge et les géraniums verts. Il s'agissait d'une variante: obtenir un négatif du tapis de jeu et des chiffres, libérer ces chiffres, les dénouer, les mettre à la suite les uns des autres, les additionner de telle sorte qu'ils fissent une lanière laquelle, passant par le zéro, formerait un nœud coulant et permettrait, prise par l'extrémité la plus proche du rouge, dans un geste terrible de cow-boy, en quoi consistait la réussite, d'attraper la chance d'un seul coup. Ensemble de calculs si rapides que personne, sinon sous forme d'un vertige imputable à l'angoisse du jeu, ne pourrait s'en apercevoir.

Qu'arriva-t-il? Lorsqu'il se décida, ferma les yeux, tira, l'homme, instantanément victime d'un désastre d'hélice cassée en plein vol, de lanières coupantes, d'explosifs surnaturels, de trousseaux de clefs qui éclatent, tomba, étranglé net.

Rien d'autre que sa chute sur la table dans une pose d'enfant giflé ne fut visible, sauf pour moi (qui seul avais joué le zéro et gagnais) le cercle tordu de ce chiffre retrouvant peu à peu sa courbe comme une vieille balle de tennis où l'on a enfoncé le doigt.

HOHER EINSATZ

Betrachtet ein Geranienbeet auf einer Rasenfläche von Monte Carlo und schließt die Augen, ihr werdet den Rasen rot und die Geranien grün sehen. Es handelte sich um ein abgewandeltes Verfahren: Ein Negativ vom Spieltisch mit seinen Zahlen war herzustellen, die Zahlen selbst mußte man ablösen, aufspalten, aneinanderreihen und addieren, dergestalt, daß sie einen langen Riemen bildeten, der, durch die Null gefädelt, einen verschiebbaren Knoten ergab; an seinem dem Rot zugewandten Ende ergriffen und in einzig erfolgverheißender, weitausholender Cowboy-Manier geschwungen, gestattete dieser, auf einen Schlag das Glück zu erlangen. Eine Vielzahl so rascher Kalkulationen, daß sie niemand, außer den vom Taumel ihrer Leidenschaft erfaßten Spielern, wahrnehmen könnte.

Was war geschehen? Als sich der Mann entschieden hatte, schloß er die Augen, zog (ab) und wurde augenblicklich Opfer eines im vollen Flug weggebrochenen Propellers, von schneidenden Riemen, übernatürlichen Sprengstoffen, von Schlüssellöchern, die zerbarsten; sauber erdrosselt ging er zu Boden.

Nichts weiter war sichtbar, als daß er über den Tisch hingesunken dalag, in der Pose eines geohrfeigten Kindes, nur ich – der einzige, der auf die Null gesetzt und gewonnen hatte – sah den zusammengezogenen Reif dieser Zahl, der ganz allmählich seine Form zurückgewann, so wie ein alter Tennisball, in welchen man den Finger gedrückt hatte.

NO MAN'S LAND

Ces malheurs commencent toujours sous prétexte de plaisanterie.

La droite avait voulu prendre sa gauche, une minute, «pour voir» – «ce serait si drôle». Il en résulta cet enchevêtrement de pentes et de spirales que rien ne peut démêler et d'où naissent chaque jour de nouveaux désordres. Désordres auxquels les explications toutes simples qu'on leur prête ajoutent une obscurité factice mille fois plus dangereuse que la nuit. Il faudrait, pour que disparussent d'innombrables faits-divers sans lien apparent et de même provenance, que des mains d'oiseau démêlassent un piège tendu par le caprice d'une abstraction, première victime de sa légèreté.

NIEMANDSLAND

Derartige Unglücksfälle werden stets in scherzhafter Absicht ausgelöst.

Die Rechte hatte ihre Linke ergreifen wollen, nur für eine Minute, »um mal zu schauen« – »das wäre doch so vergnüglich«. Dabei herausgekommen ist dieses Chaos von Abhängen und Spiralen, das nicht mehr zu entwirren ist und tagtäglich neues Durcheinander gebiert. Ein Durcheinander, in das selbst die einfachsten Erklärungsversuche noch eine künstliche Dunkelheit bringen, die tausendmal gefährlicher ist als die der Nacht. Damit diese zahllosen, kleinen, scheinbar unzusammenhängenden Vorkommnisse gleichen Ursprungs verschwänden, müßten Vogelhände die aus der Laune einer Abstraktion heraus gelegte Schlinge entknoten, einer Abstraktion, die selbst zum ersten Opfer ihres Leichtsinns geworden war.

LE MODÈLE DES DORMEURS

Le sommeil est une fontaine
Pétrifiante. Le dormeur
Couché sur sa main lointaine
Est une pierre en couleurs.

Dormeurs sont valets de cartes,
Dormeurs n'ont ni haut ni bas,
De nous un dormeur s'écarte,
Immobile à tour de bras.

Les rêves sont la fiente
Du sommeil. Ceux qui les font
Troublent l'eau pétrifiante
Et les prennent pour le fond.

(L'eau pétrifiante explique
Cet air maladroitement
Copié d'après l'antique
D'un modèle nu dormant.)

DAS MODELL DER SCHLÄFER

Der Schlaf ist eine Fontäne.
Versteinernd. Der Schläfer nickt ein,
Die ferne Hand wird ihm Lehne,
Er selber zum farbigen Stein.

Kartenbuben sind jene, die schlafen,
Sie kennen kein Hoch und kein Tief;
Und stets, wenn wir auf einen trafen,
Geschah's, daß er reglos entlief.

Die sich in den Träumen üben,
Dem Mist des Schlafs, finden bald,
Wenn sie dies Stein-Wasser trüben,
In ihrem Traum festen Halt.

(Das Wasser, das Stein werden läßt,
Erklärt, auf welch linkische Art
Der schlafende Akt einen Rest
Vom Glanz der Antike bewahrt.)

LES ALLIANCES

Ce sont les anges qui préparent
Les boules bleues de la lessive,
Aussi les blanchisseuses lavent
A genoux dans le lavoir.

Puis tordent les ailes de linge
Puis suspendent partout des anges.

Comme l'ange et comme Jacob
Femmes et anges se battent
Se tirent les cheveux, les robes,
A pleines mains, à quatre pattes.

Le lavoir est un lieu cruel.
Parfois on se démet la hanche,
Mais toujours reviennent les anges
Apporter les boules de ciel.

Batteuses d'anges, de tapis,
Prenez garde à vos alliances!
Car les anges sans surveillance
Deviennent plus voleurs que pies.

DIE ALLIANCEN

Die Engel selbst bereiten aus
Dem Seifenschaum die blauen Blasen,
Und auch die Wäscherinnen mühn
Sich auf den Knien im Wäschehaus.

Dann wringen sie die Wäscheflügel,
Dann hängen Engel rings am Bügel.

Wie der Engel und Jakob schlagen
Sich Frauen und Engel, gleich Tiern,
Zerrn an Haaren, am Kleid, das sie tragen,
Wie wild und auf allen viern.

Der Ort ist grausam, und man litt,
Wie oft renkt man sich aus die Glieder,
Doch immer kehrn die Engel wieder
Und bringen Himmelskugeln mit.

Ihr Engel-Teppichklopferfraun
Müßt gut auf euren Umgang achten!
Da Engel, grad die Unbewachten,
Weit emsiger als Elstern klaun.

LE DÉTECTIVE

Au tutoiement habituées,
De vous entendre dire vous
Par les amants, tendres statues,
Vous a tuées.

Belles illustres, bouées du ciel,
Sans bras, sans ailes,
Sans nez, tenez
Debout sur les balustres.

Vous aurez beau m'épier,
Prendre le chemin des tombeaux,
Dire que non, changer de nom,
Baisser la voix, casser vos mains,
Vos têtes, vos pieds: Je vous vois.

Je vous file depuis Londres.
Toutes vos ombres portées
Sont à gauche de profil.
Or vous arrivez de face,
Par la route du port.

DER DETEKTIV

Dem »Du« vertraut, das man euch bot,
War, sanfte Statuen, dies »Sie«,
Das von den Liebsten ihr vernahmt,
Für euch der Tod.

Ihr glorreichen Schönen, Bojen des Himmels,
Ohne Arme, ohne Flügel,
Ohne Nase, haltet euch
Aufrecht auf der Reling.

Ihr könnt mich ruhig erspähen,
Den Weg zu den Gräbern nehmen,
Ableugnen, den Namen ändern,
Die Stimme senken, eure Hände abschlagen,
Eure Köpfe und Füße: Ich sehe euch.

Seit London bin ich euch auf den Fersen.
Alle Schatten, die ihr warfet,
Hatten Linksprofile nur.
Nun zeigt ihr euch auch von vorne,
Kommt den Weg am Kai entlang.

SOUVENIRS DES SOUVENIRS

Statue, assez! La boue, le crime des ruelles;
Elle écrit le passé que tue l'âme,
En ocre: clairons du camp.
Et quand s'est tu le cri des sentinelles,
Quitte son socle; descente vers la mer.
Le long des rues du rêve éclairées aux bougies,
C'était Pâques, bals et blessures,
Sermon, cidre sur le pouce, pâle-ale.
Elle me disait tu, si douce, pas cruelle,
Sur un balcon apparu en l'air.
On faisait des sommiers, on défaisait des malles
Mais où? Marins, civils, zouaves,
A l'aube des bordels, ils
Debout, elles sur des chaises
Au bord du suave et du doux.

ERINNERUNGEN AN ERINNERUNGEN

Statue, es reicht! Der Schmutz, dieser Frevel der Gassen,
Schreibt in Ocker verflossene Zeit, bricht die Seele entzwei:
Lagertrompetengeschrei.
Sind die Rufe der Wächter verhallt und Ihr seht Euch verlassen,
Steigt Ihr von Eurem Sockel herab, eilt hinunter zum Meer.
Die Traumesstraßen entlang, die von Kerzen erhellten,
Es war Ostern, gab Tanzvergnügen und Schrammen,
Die Predigt, im Stehen dann Apfelwein, helles Bier.
Sie duzte mich unendlich sanft und bar jeder Kälte
Von einem Balkon, der plötzlich hing in der Luft.
Das Lager richteten wir, entleerten die Koffer
Doch wo? Zivilisten, Matrosen, Zouaven
Aufrecht im Morgengrauen der Bordelle;
Die Frauen hingestreckt auf ihre Stühle,
Der Süße und Sanftheit nah.

LE TRAIN MUSICAL

Douze statues dans un pré
D'étoffe rouge drapées
    Et qui usent
    De la ruse
En usage sur les frises
    Ah! Ah!
Après chaque assassinat:
Enroulement du profil
Sur une bobine à fil
Linge et fausses vaches
Sous de fausses taches.

De ces taches empourprées
Douze statues dans un pré
    Se dépeignent
    Baignent, plaignent
Saignent et me font des signes
    Ah! Ah!

Avec des moignons de bras.
Pour celui qui ne sait voir
Le pré a l'air d'un lavoir
    Où des filles tuent
    Et noient des statues.

DER MUSIKALISCHE ZUG

Sieh, zwölf Statuen die stehn
Schön mit rotem Tuch versehn
    Auf der Wiese
    Treiben diese
Ränke, üblich hoch am Friese
    Ach, ja!
Sie begehen Morde da:
Wickeln ihr Profil darauf
Rasch mit einer Spule auf
Wäsche und falsche Flecken
Die falsche Kühe decken.

Purpurflecken tragen die
Statuen im Gras, wie sie
    Sich erheben!
    Klagen, beben!
Bluten und mir Zeichen geben
    Ach, ja!

Mit den Stummelarmen gar.
Wer nicht sehen kann gewahrt
Statt der Wiese eine Art
    Waschhaus, wo Mädchen henken
    und Statuen ertränken.

Regardez ce pré de près,
Il vous livre ses secrets:
    Ciel! ces linges
    Et ces langes
D'anges n'étaient que les singes . . .
    Ah! Ah!
Fuyez vite ce pré-là.

Linges lynchés ou pendus,
Sang des marbres répandu
Sont votre musique
Fils télégraphiques.

Naht ihr euch der Wiese leis,
Gibt sie ihr Geheimnis preis:
    Herr! Die bleichen
    Und so weichen
Engelswindeln warn die Zeichen . . .
    Ach, ja!
Flieht nur rasch die Wiese da.

Wäsche die gelyncht, gehenkt
Blut das aus dem Marmor drängt –
Klang der euch umwehte
Telegraphendrähte.

JEUNE FILLE ENDORMIE

Rendez-vous derrière l'arbre à songes;
Encore faut-il savoir auquel aller.
Souvent on embrouille les anges,
Victimes du mancenillier.

Nous qui savons ce que ce geste attire:
Quitter le bal et les buveurs de vin,
A bonne distance des tirs
Nous ne dormirons pas en vain.

Dormons sous un prétexte quelconque
Par exemple: voler en rêve;
Et mettons-nous en forme de quinconce
Pour surprendre les rendez-vous.

C'est le sommeil qui fait ta poésie
Jeune fille avec un seul bras paresseux;
Déjà le rêve à grand spectacle t'a saisie
Et plus rien d'autre ne t'intéresse.

RUHENDES JUNGES MÄDCHEN

Bevor man sich trifft, gilt es zu erfahren,
Bei welchem der Bäume des Traums.
Häufig verstört man die Engelsscharen,
Opfer des Stechapfelbaums.

Wir wissen, was das heißt: Jetzt scheiden müssen,
Und lassen Weintrinker und Ball im Stich,
Genügend entfernt von den Schüssen
Gelingt uns der Schlaf sicherlich.

Wir suchen einen Vorwand, einzuschlafen,
Beispielsweise: fliegen im Traum;
Um die zu überraschen, die sich trafen,
Stelln wir uns im Carré rings um den Baum.

Des Schlafes Zauber sind's, die Poesie dir leihn,
Dich, Mädchen mit dem trägen Arm, entführen;
Schon fängt die Gala deines Traums dich ein,
Und etwas andres kann dich nicht berühren.

CONSEIL DE TOUTE IMPORTANCE

Un ange ne doit pas parler de qui l'occupe.
Les jeunes filles plument volontiers ces coqs
Blessés par l'automne, enroulés dans leurs jupes,
Et plus coloriés que maillet de croquet.

A tout prix il faut se taire, soyons braves;
N'avoir pas l'air de nous connaître est fort prudent.
Si c'est par une erreur que vous sortez du rêve,
Les filles ont vite fait d'y mettre la dent.

Tenons-nous à l'écart des crimes de l'automne,
A toute vitesse tournez votre arc en ciel.
Sur l'herbe les filles dansent avec les hommes,
Sautant naïvement entre leurs bras cruels.

Bel ange attendez-moi derrière l'arbre à songes.
(Pourvu que l'orchestre me laisse m'endormir)
Pourvu que jusqu'à vous mes deux jambes s'allongent,
Comme le clair de lune allongé sur la mer.

RAT VON GRÖSSTER WICHTIGKEIT

Wen er beschützt, das darf ein Engel niemals sagen.
Die Mädchen rupfen gern solch Hähne, die adrett,
Vom Herbst gestäubt, in ihre Röcke eingeschlagen
Und weitaus bunter sind als Schläger beim Krokett.

Sein wir beherzt, es gilt um jeden Preis zu schweigen;
Tun wir zur Vorsicht so, als wären wir uns fremd.
Solltet Ihr, aus Versehn, einmal dem Traum entsteigen,
Haben die Mädchen Euch, im Handumdrehn, am Hemd.

Kommt, halten wir uns fern von herbstlichen Vergehen,
Den Regenbogen laßt, so schnell Ihr könnt, rotiern.
Mädchen, die auf dem Gras mit Männern Tänze drehen,
Springen naiv umher, wenn Arme wild sie führn.

Mein Engel, wartet noch, ich komm zum Baum der Träume.
(Gesetzt, ich schlaf trotz des Orchesterlärmes ein),
Gesetzt, mein Bein streckt sich bis dorthin, durch die Räume,
Wie sich aufs Meer erstreckt der helle Mondenschein.

ROUGIR

Deux jeunes filles debout au bout de leurs ombres
Et d'une dureté que rien ne raye
S'abritent de la foudre avec la soie des ombrelles,
Et, en riant, de moi se parlent à l'oreille.

Peut-on être seul tout à coup, c'est effrayant!
Piétiné par une orgueilleuse chasse à courre
Et revêtu le seul habit rouge du sang,
Car rougir vite empêche de faire sa cour.

Qu'ai-je de si drôle espèces de drôlesses?
Sachez que je boite comme au ciel
Et que si Dieu permettait que je parlasse
Vous auriez honte de vos rires imbéciles.

Voilà ce que j'avais à vous dire debout
Dans ce pré de cloches et de marguerites;
Vos boules de neige sont pleines de boue
Et l'aurore est en larmes dans sa guérite.

Rieuses vous voilà bien avancées.
La chaleur même a chaud de vos façons
De bull-dogues (à quoi ressemble une pensée).
Je suis la jeune fille et vous les polissons.

ERRÖTEN

Zwei junge Mädchen stehn auf ihren Schattenspitzen,
Von einer Härte, die durch nichts den Glanz verlor,
Unter dem Seidenschirm geborgen vor den Blitzen.
Sie lachen über mich und flüstern sich ins Ohr.

Erschreckend ist es, wenn man plötzlich ganz allein
Und wie getreten steht, von stolzem Wort verjagt;
Man hüllt sich blutigrot im einzgen Anzug ein,
Doch macht man rot den Hof, bleibt der Erfolg versagt.

Bin ich so lustig denn, ihr frechen Aus-Lachtauben?
Wißt, daß ich auf dem Bein, wie dort im Himmel, lahm.
Vergehen würd, sollt Gott zu sprechen mir erlauben,
Das dumme Lachen euch und wandeln sich in Scham.

Das wollt ich aufrecht euch auf dieser Wiese sagen,
Wo Margeriten blühn, von Glöckchen blau durchsät,
Daß eure Bälle Schnee Schmutzspuren an sich tragen,
Das Frührot ganz verweint auf seinem Posten steht.

Ihr Spötterinnen könnt, wahrhaftig! viel erreichen:
Der Hölle selber heizt ihr ein in der Manier
Von Bulldoggen (die ja dem Stiefmütterchen gleichen).
Das Mädchen hier bin ich – die Gassenjungen ihr.

LES VOLEURS D'ENFANTS

Presque nue et soudain sortie
D'un piège de boue et d'orties,
La bohémienne, pour le compte
Du cirque, vole un fils de comte.

Tandis que la mère appelle,
Folle, debout sur l'allée,
L'enfant, en haut d'une échelle,
Au cirque apprenait à voler.

On peut voler à tout âge;
Le cirque est un cerf-volant.
Sur ses toiles, sur ses cordages,
Volent les voleurs d'enfants.

Volés, voleurs ont des ailes,
La nuit, derrière les talus,
Où les clameurs maternelles
Ne s'entendent même plus.

Reviens, mon chéri, mon bel ange!
Aie pitié de ma douleur!
Mais l'enfant reste sourd et mange
La bonne soupe des voleurs.

DIE KINDERRÄUBER

Aus Nesseldickicht und Morast
Hervorgebrochen, nackend fast,
Stiehlt die Zigeunerin geschwind
Fürs Zirkuszelt ein Grafenkind.

Während ihn die Mutter weiter,
Toll vor Schmerz, ruft in Alleen,
Lernt der Sohn auf einer Leiter,
Hoch im Zirkus, Runden drehn.

Jung und alt vermag zu fliegen;
Einem Drachen aus Papier
Gleicht das Zelt, auf Planen, Stiegen
Fliegen Kinderräuber hier.

Stehlend haben Räuber Schwingen,
Nächtens, dort, wo hinterm Hang
Mütterschreie schrill verklingen
Und kein Laut bis zu uns drang.

Schätzchen, Engel, kehre wieder!
Habe Mitleid, komm nach Haus!
Doch das Kind schaut schweigend nieder,
Ißt die Räubersuppe aus.

Quatre fois le sommeil lui coupe
Le cou à coups de vin amer;
Auprès de l'assiette à soupe,
Sa tête roule dans les mers.

A voler le songe habitue.
L'enfant rêve d'une statue
Effrayante, au bord d'un chemin,
Et qui vole avec les mains.

Viermal schneidet ihm der Schlummer
Durch den Hals, mit bittrem Wein;
An den Teller rollt sein stummer
Kopf und taucht in Meere ein.

Gewohnter Wunschtraum: daß man fliegt.
Das Kind erblickt, vom Schlaf besiegt,
Ein Standbild, das am Wegesrand
Beim Fliegen rudert mit der Hand.

APPARITION D'UN BRAS DANS UNE RUE DE PARIS

Sur le buisson ardent du système nerveux
Où sèche mon linge, apparut
Un bras en l'air aux veines bleues.

Ce bras sur le braséro
Déniche un cœur, nid atroce,
Dans l'enchevêtrement des églantines.

Où fuir? Attachez-moi des ailes sanguinaires!
J'imiterai les faux des hirondelles,
Je volerai, je signerai pour elles,
Je me signerai aux calvaires.

J'ôte, en attendant, mes chaussures.
Ce bras en l'air, ce cœur qui saigne,
Sont la pire des enseignes;
Le sommeil n'est plus un lieu sûr.

ERSCHEINUNG EINES ARMES IN EINER STRASSE VON PARIS

Auf dem brennenden Dornbusch des Nervensystems,
Wo meine Wäsche trocknet, erschien
In der Luft ein Arm mit blauen Venen.

Dieser Arm überm Kohlebecken
Legt ein Herz frei, schreckliches Nest,
Im dichten Gewirr der Heckenrosen.

Wohin zur Flucht? Klebt mir die mörderischen Flügel an!
Wie Schwalben will ich diese Sensen schwingen,
Im Flug wird mir ihr Namenszug gelingen,
Beim Kreuz am Wege schlag ich Kreuze dann.

Die Schuhe lös ich wartend, stell sie fort,
Der Arm im Raum, das Herz, das blutbefleckte,
Ein Omen, das wie nie ein andres schreckte;
Von nun ab ist der Schlaf kein sichrer Ort.

LE PAQUET ROUGE

Mon sang est devenu de l'encre. Il fallait empêcher cette dégoûtation à tout prix. Je suis empoisonné jusqu'à l'os. Je chantais dans le noir et maintenant c'est cette chanson qui me fait peur. Mieux encore: Je suis lépreux. Connaissez-vous ces taches de moisissure qui simulent un profil? Je ne sais quel charme de ma lèpre trompe le monde et l'autorise à m'embrasser. Tant pis pour lui. Les suites ne me regardent pas. Je n'ai jamais exposé que des plaies. On parle de fantaisie gracieuse: c'est ma faute. Il est fou de s'exposer inutilement.

Mon désordre s'empile jusqu'au ciel. Ceux que j'aimais étaient reliés au ciel par un élastique. Je tournais la tête... ils n'étaient plus là.

Le matin je me penche, je me penche, je me laisse tomber. Je tombe de fatigue, de douleur, de sommeil. Je suis inculte, nul. Je ne connais aucun chiffre, aucune date, aucun nom de fleuve, aucune langue vivante ou morte. J'ai zéro en histoire et en géographie. Sans quelques miracles on me chasserait. En outre j'ai volé ses papiers à un certain J. C. né à M. L. le..., mort à 18 ans après une brillante carrière poétique.

ENTHÜLLUNG IN ROT

Mein Blut ist Tinte geworden. Man hätte diese Geschmacklosigkeit um jeden Preis verhindern müssen. Ich bin vergiftet bis ins Mark. Ich sang in die Schwärze, und jetzt ist es ebendieses Lied, das mir Angst macht. Und es kommt noch besser: Ich bin aussätzig. Kennen Sie diese Schimmelflecken, die so tun, als ob sie ein Profil seien? Ich weiß nicht, welcher Reiz meiner Lepra die Welt narrt und sie veranlaßt, mich zu umarmen. Ich kann ihr da nicht helfen. Die Folgen scheren mich nicht. Ich habe nie etwas anderes zur Schau gestellt als meine Wunden. Man spricht von bezauberndem Einfallsreichtum: Das ist meine Schuld. Es ist verrückt, sich unnötig zu präsentieren.

Mein Chaos türmt sich bis zum Himmel. Jene, die ich liebte, waren durch ein Gummiband mit dem Himmel verbunden. Ich wandte den Kopf... sie waren nicht mehr da.

Am Morgen beuge ich mich vor, bücke mich, lasse mich fallen. Ich falle vor Erschöpfung, vor Schmerz, vor Müdigkeit. Ich bin ungebildet, eine Null. Ich kenne keinerlei Zahl, kein Datum, keinen Flußnamen, keine lebende oder tote Sprache. In Geschichte und Geographie stehe ich glatt Fünf. Wenn nicht irgendein Wunder geschieht, wird man mich fortjagen. Außerdem habe ich einem gewissen J. C. die Papiere gestohlen. Er wurde am ... in M. L. geboren und starb im Alter von 18 Jahren nach einer glänzenden Dichterkarriere.

Cette chevelure, ce système nerveux mal plantés, cette France, cette terre, ne sont pas à moi. Ils me dégoûtent. Je les ôte la nuit en rêve.

Ma mère n'y a vu que du feu. Je l'aime. Elle me le rend. Ne dites pas que je la trompe. Je lui donne en échange l'illusion d'avoir encore un fils.

J'ai lâché le paquet. Qu'on m'enferme, qu'on me lynche. Comprenne qui pourra: *Je suis un mensonge qui dit toujours la vérité.*

Dieses schlecht eingepflanzte Haarkleid und Nervensystem, dieses Frankreich, diese Erde – sind nichts für mich. Sie widern mich an. Nachts, im Traum, streife ich sie ab.

Meine Mutter hat nichts davon gemerkt. Ich liebe sie, sie erwidert es. Sagen Sie nicht, daß ich sie hintergehe. Ich verschaffe ihr, als Ausgleich, die Illusion noch einen Sohn zu besitzen.

Ich habe alles gestanden. Soll man mich ruhig einsperren und lynchen. Verstehe es, wer kann: *Ich bin eine Lüge, die stets die Wahrheit sagt.*

SONNERIE DE TÉLÉPHONE DANS UNE RUE VIDE

La fenêtre par où entra le criminel était noire. La jambe enjamba et une des mains criait: Au secours! en laissant une tache très nette sur la plainte. Un crime salit tout. C'est incroyable ce qu'il traînait d'ordures, de litres vides, de verres à côtes à côté. Du vin gros coulait du cou de couteau, d'un paquet dégoûtant mal ficelé et cacheté à la cire rouge. Les rideaux arrachés par la femme dans sa chute avaient entraîné le buste. Elle-même mourait de sommeil en robe de bal et sa main droite tenait encore la lettre anonyme. La vie était sortie à reculons du corps, frappant avec n'importe quoi, cassant une chaise dorée dont les restes flottait *(sic)* sur un lac de sang qui traverse et commence à mouiller le plafond de l'étage en dessous. Le malheureux avait fui par les toits sans savoir que la graisse antique, non seulement laisse des marques sur toutes les glaces, mais aussi (ne laisse) aucun doute sur la nature des corps coupés en morceaux.

Maintenant je me rappelle très bien être passé dans la rue la nuit du crime et avoir entendu la sonnerie du téléphone et m'être étonné qu'on ne réponde pas à cause d'un lustre qu'on voyait par la fenêtre éclairer à giorno cette scène atroce avec l'indifférence des astres.

TELEPHONKLINGELN IN EINER LEEREN STRASSE

Das Fenster, durch das der Verbrecher eindrang, war schwarz. Das Bein schritt weit aus, und eine der Hände schrie: Zu Hilfe! Dabei ließ sie einen sehr deutlichen Fleck auf dem Klageruf zurück. Ein Verbrechen besudelt alles. Es ist unglaublich, was es an Unrat hinter sich herzog, leere Literflaschen, gerippte Gläser dazu. Dickflüssiger Wein floß vom Hals des Messers herab, aus einem ekelerregenden Paket, schlecht verschnürt und versiegelt mit rotem Wachs. Die Vorhänge, die die Frau bei ihrem Sturz mitriß, hatten die Büste umgeworfen. Die Frau war tot/müde umgesunken. Sie trug ein Ballkleid, und ihre rechte Hand hielt noch den anonymen Brief umklammert. Das Leben war im Krebsgang aus dem Leib gewichen und dabei mit irgend etwas zusammengestoßen, hatte einen vergoldeten Stuhl zerbrochen, dessen Reste auf einem See von Blut trieb *(sic)*, welches einsickerte und die Decke der darunterliegenden Etage zu durchnässen begann. Der Unglückliche war über die Dächer entflohen, ohne zu wissen, daß die antike Schmiere nicht nur Abdrücke auf allen Scheiben hinterläßt, sondern auch keinen Zweifel an der Natur der in Stücke geschnittenen Leiber.

Jetzt erinnere ich mich deutlich daran, in der Nacht des Verbrechens durch die Straße gegangen zu sein und Telephonklingeln gehört zu haben. Ich war noch erstaunt gewesen, daß niemand den Hörer abnahm, sah man doch durch das Fenster einen Kronleuchter, der diese entsetzliche Szene, mit der Gleichgültigkeit der Gestirne, in strahlendes Licht tauchte.

OH! LA LA!

Les dieux existent: c'est le diable. J'aimais la vie; elle me déteste; j'en meurs. Je ne vous conseille pas d'imiter mes rêves. La mort y corne des cartes, y jette du linge sale, y couvre les murs de signatures illisibles, de dessins dégoûtants. Le lendemain, je suis le personnage à clef d'une histoire étonnante qui se passe au ciel.

OLALA!

Die Götter existieren, alle Teufel! Ich liebte das Leben; es verabscheut mich; daran geh ich zugrunde. Ich rate Ihnen nicht, meine Träume nachzuvollziehen. Darin zinkt der Tod die Karten, kramt schmutzige Wäsche aus, bedeckt die Wände mit unleserlichen Namenszügen und abstoßenden Zeichnungen. Am Tag darauf bin ich die Schlüsselfigur einer erstaunlichen Geschichte, die sich im Himmel zuträgt.

LE PRINTEMPS

Je sais lire les étoiles. Ce n'est pas vrai. Il vaut mieux l'avouer avant qu'on ne me prenne sur le fait. Oh! là... regarde, non, non, là sur la route. C'est de l'or. – «C'est du cuivre.» – C'est de l'or, te dis-je, de l'or battu, mon vieux! Oui, oui, des copeaux d'or qui coiffent cette jeune fille.

Garons-nous. Elle ne voit pas. Elle est dangereuse. Elle avance comme une machine agricole sous une grêle de cailloux roses.

Une autre surprise: La petite main sur la porte du domaine. Une vraie petite main vivante qui servait de heurtoir.

Émus par ces merveilles, nous entrâmes dans une église remercier Dieu.

La nuit, on descendait par le trou du souffleur. On prenait des trappes, des miroirs, des portes secrètes, des gondoles. On regagnait sa chambre en marchant sous l'eau. On respirait à l'aide d'un bambou dans la bouche. Sur l'eau on ne voyait que l'extrémité de nos bambous avançant comme des périscopes. La Chine guettait les malheureux retardataires et les massacrait.

C'était la faute du printemps qui, par une stupide erreur de dates, apparut en février sur les montagnes.

DER FRÜHLING

Ich kann in den Sternen lesen. Das ist nicht wahr. Besser, es zuzugeben, bevor man mich überführt. O! dort... sieh! nein, nicht doch, dort auf dem Weg. Das ist Gold. – »Das ist Kupfer.« – Das ist Gold, sag ich dir, gehämmertes Gold, mein Alter! Ja doch, ja, von den goldenen Hobelspänen, aus denen die Frisur dieses jungen Mädchens besteht.

Weichen wir aus. Sie sieht nicht. Sie ist gefährlich. Sie arbeitet sich vorwärts wie eine Landmaschine unter einem Hagel von rosa Kieselsteinen.

Noch etwas erstaunt: Die kleine Hand auf der Tür der Domäne. Eine wahrhaftige, lebende kleine Hand, die als Türklopfer diente.

Aufgewühlt durch diese Wunder, traten wir in eine Kirche ein, um Gott Dank zu sagen.

In der Nacht stiegen wir durch den Souffleurkasten hinab, benutzten Falltüren, Spiegel, Geheimtüren, Gondeln. Zu unseren Zimmern zurück gelangten wir unter Wasser, atmeten dabei mit Hilfe eines in den Mund gesteckten Bambusrohrs. Auf der Wasseroberfläche sah man nur das äußerste Ende unserer Bambusstäbe, die sich wie Periskope voranbewegten. China lauerte den unglücklichen Nachzüglern auf und massakrierte sie.

Daran war der Frühling schuld, der, durch eine dumme Verwechslung in den Daten, im Februar auf den Berggipfeln erschienen war.

DANGER D'ÉCRIRE SUR LES STATUES

Une statue changée en femme? C'est impossible, dites-vous. Soit. C'est pourtant arrivé une fois. – Quand? – Dimanche. – Où? – A Rocamadour. – Prouvez-le. – J'apporte des photographies: les voilà. – Vous me montrez plusieurs photographies d'une femme nue couverte de tatouages. – Ce que vous prenez pour des tatouages causera votre perte. Examinez à la loupe ce tissu d'ordures. La pire est écrite de votre main.

ALLÉGORIE

Voyons ... vous savez bien ... réfléchissez: Une grande fille grêlée, un peu forte, avec une poitrine, des cuisses superbes... myope... Je suis sûr que vous savez de qui je parle... C'est trop bête... attendez donc... sans bras? Mais ... c'est la Vénus de Milo.

GEFAHR DES BESCHRIFTENS VON STATUEN

Eine Statue in eine Frau verwandelt? Das ist unmöglich, sagen Sie. Mag sein. Es ist jedoch einmal vorgekommen. – Wann? – Sonntag. – Wo? – In Rocamadour. – Beweisen Sie es. – Ich habe Photographien mitgebracht: Da sind sie. – Sie zeigen mir mehrere Photographien einer nackten Frau, die mit Tätowierungen bedeckt ist. – Das, was Sie für Tätowierungen halten, wird Sie ins Verderben stürzen. Schauen Sie sich dieses Gespinst von Unflätigkeiten mit der Lupe an. Die allerschlimmste trägt Ihre Handschrift.

ALLEGORIE

Nun ... Sie wissen es genau ... denken Sie nach: Ein großes pockennarbiges Mädchen, ein wenig füllig, mit prächtigem Busen, herrlichen Schenkeln ... kurzsichtig ... Ich bin sicher, daß Sie wissen, von wem ich rede ... Ach, es ist zu dumm ... halt, warten Sie ... ohne Arme? Aber ... das ist die Venus von Milo.

EXPLICATION DES PRODIGES DE LA NUIT DU 24 OCTOBRE

Pour faire l'amour on avait mis la haine à l'envers.

Le cheval galopait entre les rails et il était ferré avec quatre aimants.

Voici comment volaient les jeunes hommes. On les faisait mettre à quatre pattes. On leur ordonnait de lever le genou gauche et la main droite. Ensuite on les endormait, on leur faisait croire qu'ils étaient à quatre pattes et on leur ordonnait de lever d'abord la main gauche et le genou droit.

Les chaises de jardin étaient en fumée.

Pour faire le cœur on avait mis le feu à un oiseau.

DEUTUNG DER WUNDERSAMEN VORGÄNGE IN DER NACHT DES 24. OKTOBER

Um Liebe zu machen, hatte man den Haß einfach umgedreht.

Das Pferd galoppierte zwischen den Schienensträngen und war mit vier Magneten beschlagen.

So lernten die jungen Männer fliegen. Man ließ sie sich auf alle viere stellen. Man befahl ihnen, das linke Knie und die rechte Hand zu heben. Anschließend schläferte man sie ein, machte sie glauben, daß sie noch auf allen vieren stünden, und befahl ihnen, zunächst die linke Hand und das rechte Bein zu heben.

Die Gartenstühle waren Rauch (geworden).

Um das Herz zu erschaffen, hatte man einen Vogel in Brand gesteckt.

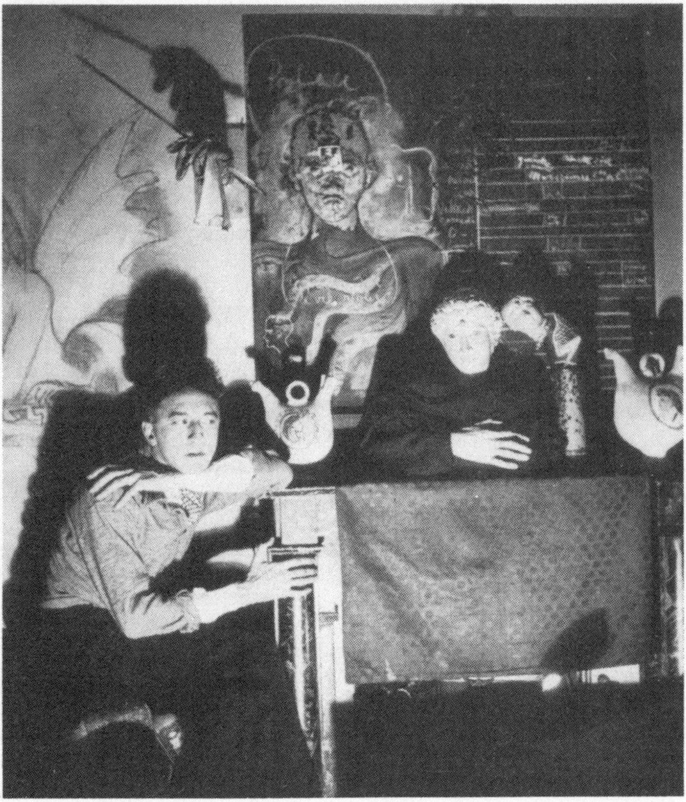

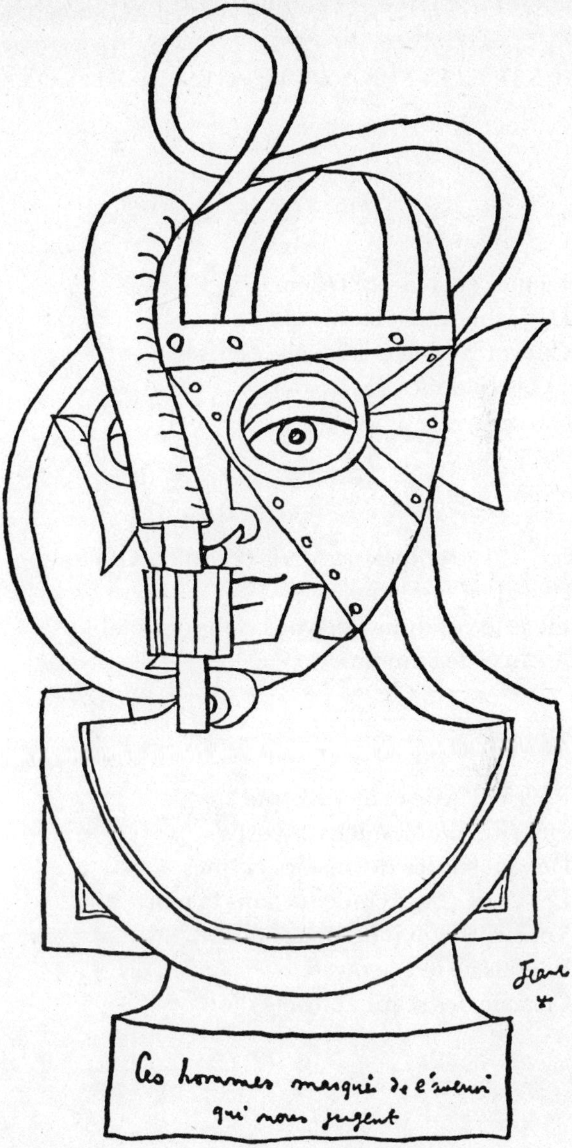
Jean
Ces hommes masqués de l'ennui
qui nous jugent

TROUSSE CONTENANT 12 POÉSIES DE VOYAGE

1

La mer et la Grèce frisent
De Jason frisait la toison
Chevaux bouclés avaient les frises
Et les colonnes des frisons.

2

STANCE

Vous ne vous trompez pas dans vos calculs d'étoiles
Ciel glacé sur la mer
Comme je le voudrais que vous comptiez mal
A cause de l'amour.

3

Rois de l'Asie et de l'Égypte
Qui fîtes embaumer vos corps
Debout sur les rayons des cryptes
Les yeux grands ouverts dans la mort
Vous vivez toujours sous la terre
Et vous visitez le mystère
Comme des scaphandriers d'or.

NECESSAIRE MIT 12 REISEGEDICHTEN

I

Gelockt sind Meer und Griechenland,
Gleich Jasons Vlies trug Lockenhaar
Die Pferdeschar am Fries der Wand,
Die Säule Schläfenlocken gar.

2

STROPHE

Eishimmel überm Meer, beim Durchrechnen der Sterne
Vermögt Ihr nicht zu fehln,
Ihr solltet Euch einmal, ich sähe es so gerne,
Aus Liebesglut verzähln.

3

Herrscher aus Asien und Ägypten,
In Balsam und Tücher gerollt,
Aufrecht auf den Borden der Krypten,
Das Starren – dem Tode gezollt
Ihr führt unterirdisches Leben,
Könnt euch zum Mysterium begeben –
Froschmännern gleicht ihr, aus Gold.

4

Dans ce bal de nuit au ciel les garçons endimanchés enjambaient de fausses fenêtres peintes en trompe-l'œil et les jeunes filles assises ne dansaient pas. Stop.

5

BAIGNEUSE

Elle se lave à grande eau. Elle se lave à grand dos, à grand genou, à grande hanche, à grande main tenant rideau. Oh! ses cheveux sont des chevaux.

6

LE DAB DU PRÉ

Une vague prenait la place d'une autre. C'est ce qui trompait les frégates.
Je ne sais pas s'il est né quelque chose, mais il a autour de lui comme une splendeur.

C'est la lyre, c'est la lyre,
C'est la lyre du matin,
Qui ne sais pas encore lire,
Pas lire encore son destin.

7

Cher idiot, je vous remets les clefs de la ville.
Dans le tiroir de gauche vous trouverez celles du tiroir de droite et vice-versa.

4

Auf dem Ball des Nachts am Himmel sprangen, sonntäglich gekleidet, Jungen durch die aufgemalten Fenster, und die jungen Mädchen saßen da und tanzten nicht. Stop.

5

BADENDE

Daß sie nicht mit Wasser spar, bietet sie das Knie ihm dar, ganz den Rücken, ganz den Schenkel und die Hand am Schleier gar. O! Ihr Haar ist Pferdehaar.

6

DER HERR DER MEERWIESE

Eine Woge trat an die Stelle der nächsten. Das war es, was die Fregatten täuschte.
Ich weiß nicht, ob da gerade irgend etwas geboren wurde, aber es ist von einer Art Glanz umgeben.

> Die Lyra, die Lyra ist es,
> Die Lyra im Morgenlicht,
> Könnte sie lesen, sie wüßt es,
> So kennt sie ihr Schicksal nicht.

7

Lieber Idiot, ich hinterlege Ihnen die Schlüssel für die Stadt. In dem Schubfach zur Linken finden Sie die für das Schubfach zur Rechten und umgekehrt.

8

Le sommeil entouré de coudes plonge aux couches
Du rêve alimenté par l'air humain des bouches.
Soleil farouche entouré de coups de bâton.

9

Dans ce paysage nous vîmes deux cloisons et une chaise. C'était le contraire d'une ruine. Des morceaux d'un palais futur.

10

L'ami Zamore de Madame du Barry.

11

Un cultivateur vient de retrouver dans son champ les bras de la Vénus de Milo. A qui appartiennent-ils? Au cultivateur ou à la Vénus de Milo?

12

Un serpent teint
Est, le matin,
Un serpentin.

Le serpent des couleurs accroche aux églantines
Son chapeau, son manteau, ses petites bottines,
On ne le reconnaît plus. C'est enfantin.

8

Der Schlaf taucht, bewehrt von Ellenbogen, zum Grunde
Des Traums, der sich nährt vom menschlichen Zug am Munde.
Verwundende Sonne, bewehrt mit Holzknüppelschlag.

9

In dieser Landschaft haben wir zwei Trennwände und einen Stuhl gesehen. Es war das Gegenteil einer Ruine. Bruchstücke eines künftigen Palastes.

10

Zamore, Freund der Madame du Barry (Die Hinrichtung der Madame du Barry).

11

Ein Landwirt hat kürzlich auf seinem Feld die Arme der Venus von Milo entdeckt. Wem gehören sie nun? Dem Landwirt oder der Venus von Milo?

12

Farbige Schlange
Ist morgens lange
Papier-Luftschlange.

Die bunte Schlange braucht auf Heckenrosen betten
Den Mantel nur, den Hut, die kleinen Stiefeletten,
Und man erkennt sie nicht. Das ist doch kinderleicht.

LE THÉÂTRE DE JEAN COCTEAU

Voici mon théâtre. Sophocle se joue dans une cage à lions. Œdipe, avec une tête de lion et un costume de dompteur, déclame: Salvator! Salvator! juché sur un amoncellement de caisses d'emballage contenant des statues et des tiroirs pleins de secrets mortels. Il est midi. A droite, en bas, une petite porte de secours ouverte, donne sur une rue de Nice à sept heures. On voit passer des hommes, des femmes, des chiens, des cyclistes.

ATHENA: Moi, déesse au nez à l'équerre, moi buste grec, j'accours.

Le décor change. Les Argonautes construisent leur cargo. Ils vissent à la place de gouvernail une tête de femme en cire. Cette tête de coiffeur parle et porte une toison d'or.

ATHENA: Je suis la clef des songes, la colonne triste, le buste au pince-nez de fer.

Un messager entre.

LE MESSAGER: Citoyens: la tête divine de Jocaste est morte. Jocaste lisait au salon étendue sur le canapé rouge. Soudain ses membres se détachent et tombent par terre. Elle criait: Je suis la sœur de mon oncle! Sa tête de plâtre est là, seule, atroce, pendue au lustre et reliée au tapis par une colonne de sang.

DAS THEATER DES JEAN COCTEAU

Das hier ist mein Theater. Sophokles gibt man in einem Löwenkäfig. Ödipus, mit Löwenkopf und einem Dompteurskostüm, deklamiert: Salvator! Salvator! Dabei hockt er auf einem Haufen Packkisten, die Statuen enthalten – und Schubladen, voll von todbringenden Geheimnissen. Es ist Mittag. Rechts unten die kleine geöffnete Tür eines Notausgangs. Sie führt auf eine Straße in Nizza, 7 Uhr morgens. Man sieht Männer und Frauen vorüberziehen, Hunde und Radfahrer.

ATHENE: Ich, Göttin mit abgewinkelter Nase, ich, griechische Büste, eile herbei.

Das Bühnenbild wechselt. Die Argonauten bauen ihren Frachter. An den Platz des Steuerruders schrauben sie einen Frauenkopf aus Wachs. Dieser Frisierkopf spricht und trägt ein goldenes Vlies.

ATHENE: Ich bin der Schlüssel zu den Träumen, die traurige Säule, die Büste mit dem eisernen Kneifer.

Ein Bote tritt auf.

DER BOTE: Bürger! Der göttliche Kopf der Jokaste ist tot. Jokaste las im Salon, ausgestreckt auf das rote Kanapee. Plötzlich brachen ihre Glieder ab und fielen auf die Erde. Sie schrie: Ich bin die Schwester meines Onkels! Ihr Gipskopf ist

LE CHŒUR: Que dire?

ATHENA: C'est ta faute Péloponèse. D'autres dangers te menacent, car la nuit les statues enfilent des maillots noirs et assassinent les voyageurs. Moi-même je ne suis pas un buste. J'ai des gants et des bas noirs. Ce piédestal est peint sur mon corps. Tremble! J'ai assez d'écume de mer dans les veines pour comprendre le langage des vagues. En savonnant et battant le linge à genoux, elles t'insultent, elles rient, elles se moquent de toi.

JASON: Ce buste ment et je le prouve *(Il passe un cerceau blanc autour du buste. Athéna ferme les yeux et récite des chiffres)*.

ATHENA *(d'une voix lointaine)*:
7.6.7.8 – 7.9.6.8 – 6.9.7.7 – 7.9.7.8 – 5.5.7.2 – 6.9.7.3.

JASON: Pilote, notez ces chiffres et faites le point.

noch da; allein, abstoßend, hängt er am Leuchter und ist durch einen breiten Blutstrahl mit dem Teppich verbunden.

DER CHOR: Was soll man dazu sagen?

ATHENE: Das ist deine Schuld, Peloponnes. Andere Gefahren drohen dir, denn nachts schlüpfen die Statuen in schwarze Trikots und ermorden die Reisenden. Ich selbst bin keine Büste. Ich trage schwarze Handschuhe und Strümpfe. Dieser Sockel ist auf meinen Körper gemalt. Erzittere! Ich habe genügend Meeresschaum in den Venen, um die Sprache der Wogen zu verstehen. Wenn sie die Wäsche einseifen und, im Knien, ausschlagen, beleidigen sie dich, machen sich über dich lustig.

JASON: Diese Büste lügt. Ich werde es beweisen. *(Er legt einen weißen Reifen um die Büste. Athene schließt die Augen und sagt Ziffern her.)*

ATHENE *(mit entrückter Stimme)*:
7.6.7.8 – 7.9.6.8 – 6.9.7.7 – 7.9.7.8 – 5.5.7.2 – 6.9.7.3.

JASON: Steuermann, notieren Sie diese Ziffern und bestimmen Sie die Position.

L'ORACLE

JEAN: Qui a été plus aimé que moi?

ATHENA: Personne.

JEAN: Qui a été plus haï que moi?

ATHENA: Personne.

JEAN: Et toi que penses-tu de moi?

ATHENA: Je suis née grecque. Je suis l'aînée. Je suis le nez de l'année. Je suis le mur, l'art mûr, l'armure. Je suis la sève héritée. Je suis lasse et vérité. Je suis la sévérité. Je suis la cruelle crue elle. L'aile des rues et des ruelles. Mes mensonge c'est vérité. Sévérité même en songe. Je suis le mythe, la railleuse. La mitre à yeux, l'amie trahie. La lance affront, le front à lance. Je suis la moëlle, je suis le sort. De moi l'art sort à ressort. Je dis: L'art meut l'arme des larmes. Le rail du mythe . . .

(elle s'arrête)

JEAN: Et moi? Que penses-tu de moi?

(Il pousse une pièce dans la fente.)

DAS ORAKEL

JEAN: Wer wurde mehr geliebt als ich?

ATHENE: Niemand.

JEAN: Wer wurde mehr gehaßt als ich?

ATHENE: Niemand.

JEAN: Und du, was hältst du von mir?

ATHENE: Ich bin gebürtige Griechin. Ich bin die Älteste. Ich bin die Nase des Jahres. Ich bin die Mauer, die reife Kunst, die Rüstung. Ich bin der überkommene Geist. Ich bin ermattet und Wahrheit. Ich bin das Richtmaß. Die rohe Grausame bin ich. Der Flügel der Straßen und Gassen. Meine Lügen sind Wahrheit. Richtmaß sogar im Traum. Ich bin der Mythos, die Spötterin. Die Augenmitra, die verratene Freundin. Die Schmachlanze, die Stirn an der Lanze. Ich bin das Mark, ich bin das Schicksal. Mit Schwung tritt die Kunst aus mir heraus. Ich sage: Die Kunst führt die Waffe der Tränen. Das Gleis des Mythos ...

(sie hält inne)

JEAN: Und ich? Was denkst du von mir?

(Er steckt ein Geldstück in den Schlitz.)

ORACLE

Tes cris, même sous les tortures
Sont cris écrits l'orgueil aidant.
La mer se change en écriture
Dès qu'on jette l'encre dedans.

ORAKEL

Dein Schreien wird (selbst das der Qualen)
Durch Stolz zu geschriebenen Schrein.
Ins Meerwasser Lettern sich malen,
Schüttet man Tinte hinein.

FIN DE LA ROYAUTÉ

Madame, dit l'archevêque, il vous faut préparer, la mort frappe à votre porte.

Après bien des grimaces, la reine se confessa. L'archevêque entendit une liste atroce où le meurtre, l'inceste, la trahison, faisaient petite figure.

La mort entra, se bouchant la bouche, le nez, montée sur de hauts patins, cousue dans de la toile cirée noire. Séance interminable. Vingt fois elle recommença et manqua ses tours. La foule des courtisans, des princesses, des dames d'honneur, le clergé, l'archevêque même, dormaient debout. La fatigue écartelait les membres. Sous cette torture, les visages se lâchaient, avouaient.

Enfin la mort se retourna. Et tandis qu'elle saluait, la puanteur, le candélabre aux fenêtres, annoncèrent que c'était fini. Alors les feux d'artifice s'épanouirent dans le ciel, le vin coula sur les petits échafauds des bals musette, et les têtes d'ivrognes roulèrent joyeusement partout.

ENDE DES KÖNIGTUMS

Madame, sagte der Erzbischof, Ihr solltet Euch bereithalten, der Tod klopft an Eure Tür.

Nachdem sie sich ein wenig geziert hatte, beichtete die Königin. Der Erzbischof vernahm eine Aufzählung von Scheußlichkeiten, unter denen sich Mord, Inzest und Verrat noch harmlos ausnahmen.

Der Tod trat ein und hielt sich Mund und Nase zu. In schwarzes Wachstuch eingenäht, stelzte er auf hohen Korksohlen heran. Endlose Beschwörung. Zwanzigmal hub er von vorne an, zwanzigmal schlug seine Absicht fehl. Die Schar der Höflinge, der Prinzessinnen, der Edeldamen, die Geistlichkeit, selbst der Erzbischof, schliefen im Stehen. Die Erschöpfung räderte die Gliedmaßen. Unter dieser Folter erschlafften die Gesichter, gestanden.

Endlich wandte sich der Tod zum Gehen. Und während er Abschied nahm, kündeten der Gestank, der Leuchter in den Fenstern davon, daß alles vorüber war. Nun entfaltete sich das Feuerwerk am Himmel, der Wein floß auf die kleinen Schafotte in den Tanzkneipen, und die Köpfe der Betrunkenen rollten fröhlich nach allen Seiten.

LA MORT DU POÈTE

Je meurs, France! Approche que je te parle, approche encore. Je meurs de toi. Tu m'as injurié, ridiculisé, trompé, ruiné. Tout m'est égal. Il faut que je t'embrasse, France, que je t'embrasse une dernière fois sur ta Seine obscène, sur tes vignobles ignobles, sur tes champs méchants, sur tes îles faciles, sur ton Paris pourri, sur tes statues qui tuent.

Plus près, plus près, que je te regarde. Ah! cette fois je te tiens. Inutile de crier, d'appeler. Rien n'ouvre les doigts de mort. Je t'étrangle avec délices. Je ne mourrai pas seul.

DER TOD DES DICHTERS

Frankreich, ich sterbe! Tritt näher, daß ich zu dir sprechen kann, komm noch ein Stück heran. Ich sterbe an dir. Du hast mich beleidigt, lächerlich gemacht, betrogen, zugrunde gerichtet. All das ist mir gleich. Ich muß dich umarmen, Frankreich, muß dich ein letztes Mal auf deine obszöne Seine küssen, auf deine so argen Weinberge, auf deine gemeinen Feldraine, auf deine leichtsinnigen Inseln, auf dein modersüß Paris, auf deine Statuenhorden, die morden.

Komm näher, noch näher, daß ich dich sehen kann. Ah! Jetzt hab ich dich. Nutzlos, zu betteln und zu schreien. Nichts öffnet die Finger des Todes. Mit Genuß erwürge ich dich. Ich werde nicht allein sterben.

PLAIN-CHANT

☆

CHORAL

Aus dem Französischen übersetzt
von Andrej Jendrusch

I

J'ai, pour tromper du temps la mal-sonnante horloge,
Chanté de vingt façons.
Ainsi de l'habitude évitai-je l'éloge,
Et les nobles glaçons.

C'est peu que l'habitude une gloire couronne
Lorsqu'elle a vieux le chef;
Il faut qu'un long amour souvent le cœur étonne
A force d'être bref.

Alors, jeune toujours, libre de récompenses,
Et son livre à la main.
On devine les jeux, les manœuvres, les danses,
Qui formeront demain.

Voilà pourquoi la mort également m'effraye,
Et me fait les yeux doux;
C'est qu'une grande voix murmure à mon oreille:
Pense à mon rendez-vous;

Laisse partir ces gens, laisse fermer la porte,
Laisse perdre le vin,
Laisse mettre au sépulcre une dépouille morte;
Je suis ton nom divin.

Ich sang, die falsche Uhr der Zeiten zu betrügen,
Auf mannigfache Art.
Das hat vorm Drange der Gewohnheit Lob zu lügen
Und noblem Eis bewahrt.

Wozu auch etwa ehrn, das unverändert bliebe
Und altersgrau versteint,
Erstaunen sollte uns vielmehr die lange Liebe,
Weil sie so kurz erscheint.

So also, immer jung und frei von Ruhmessorgen,
Sein Buch zur Hand, errät
Man Spiele, Tänze und Manöver, durch die morgen
Das Kommende entsteht.

Drum macht der Tod mir Angst und schaut mich gleicherweise
Aus sanften Augen an,
Mit hohler Stimme raunt er mir ins Ohr ganz leise:
Wir sehn uns, denk daran;

Laß diese Leute gehn und laß die Tür verketten,
Verderben auch den Wein,
Laß einen Leichnam tief in deine Grabstatt betten –
Dein Gott bin ich allein.

Je n'ai jamais d'argent et chacun me croit riche,
J'ai le cœur sans écorce et chacun le croit sec.
Toujours sur ma maison mentira cette affiche,
Même un aigle viendrait l'en arracher du bec.

Ainsi veut l'ange, afin que la gloire se cache
Et mûrisse en silence à l'abri des clameurs.
Le fouet de son aile interne me cravache:
Je veux vivre, dit-il; qu'importe si tu meurs.

Obwohl stets ohne Geld, sieht man in mir den Reichen,
Man glaubt, mein Herz sei hart, und dabei ist es nackt.
Nie wird das Lügenschild von meinem Hause weichen,
Selbst wenn ein Adler es von dort herunterhackt.

Der Engel will es so, damit mein Ruhm sich schütze
Und im Verborgnen reif, von keinem Lärm bedroht.
Er ruft, wenn er mich peitscht mit seiner Flügelspitze:
Ich will am Leben sein, was kümmert da dein Tod.

Mon ange, laissez-moi m'ébattre dans ce champ;
Aucun œil ne me voit, dites, vous trahirai-je?
La ville, grâce à vous, me croit le cœur méchant,
Mais, au soleil, fondez votre armure de neige.

Dormez un peu. N'ayez rien à me reprocher.
Voici la folle mer qui brise au bord ses coupes.
Son champagne tonnant inonde le rocher
D'où je vois ses jupons, ses linges et ses croupes.

Le bain depuis toujours invite le héros,
Car de tous les dragons la mer est le moins bête.
Ah, que je puisse rire! Ah, que je me dévête!
Et que je mette nu mon cœur, mon cœur trop gros.

Mein Engel, gebt mich frei zum Tummeln hier im Feld;
Verraten sollt ich Euch? Mich kann doch niemand sehen.
Ihr sorgtet, daß die Stadt für herzensschlecht mich hält,
Laßt nun im Sonnenlicht den Eispanzer zergehen.

Ruht aus. Ich werd bestimmt nichts tun, was Euch verdrießt.
Die wilde See zerbricht Pokale an der Küste.
Champagner schäumt, bis er auf meinen Felsen fließt,
Dort schau ich ihren Rock, Po, Unterkleid und Brüste.

Die Helden lädt sie selbst zum Bad, seit alters her,
Die See ist nämlich auch der klügste aller Drachen.
Entkleiden könnt ich mich! Ich könnte lauthals lachen!
Entblößen auch mein Herz, mein Herz, das kummerschwer.

Chaque fois que je m'amuse
Ou ne souffre pas par lui
Mon ange, espèce de muse,
Me replonge dans la nuit.

Chaque fois que je dégaîne,
Comme un bouquet de muguet,
Mon cœur fatigué de haine,
L'ange cruel fait le guet.

Cet ange, ce monstre informe,
Ne dort jamais un moment,
Et non plus il ne m'informe
De quoi je suis l'instrument.

Ganz gleich, ob ich mich freue,
Nicht seinetwegen leid –
Mein Engel stößt aufs neue
Mich in die Dunkelheit.

Stets wenn ich sehen lasse,
Wie einen Maienstrauß,
Mein Herz, das müd vom Hasse,
Ist er nur darauf aus.

Dies Ungetüm mit Schwingen,
Das keine Ruhe kennt,
Will nicht zur Sprache bringen,
Wozu ich Instrument.

Mon ange, vois, je te loue,
Après t'avoir oublié.
Par le bas je suis lié
A mes chaussures de boue.

Notre boue a des douceurs,
Notre humaine, tendre boue.
Mais tu me couches en joue,
Ange, soldat des neuf sœurs.

Tu sais quel est sur ta carte
Mon mystérieux chemin,
Et dès que je m'en écarte,
Tu m'empoignes par la main.

Ange de glace, de menthe,
De neige, de feu, d'éther,
Lourd et léger comme l'air,
Ton gantelet me tourmente.

Mein Engel, sieh, ich preis dich,
Nachdem ich dich vergaß.
Der Schlamm, den ich durchmaß,
Klebt mir am Fuß, so weiß ich,

Daß Schlamm selbst, den man trat,
Auch zart und sanft sein kann,
Doch du legst auf mich an –
Der neun Schwestern Soldat.

Ich folg geheimer Gasse
(Von Karten dir bekannt),
Und wenn ich sie verlasse,
Dann packst du meine Hand.

Engel aus Feuer und Schnee,
Aus Himmel und Minzeduft,
So schwer und so leicht wie Luft,
Dein Stahlhandschuh tut mir weh.

II

Je veux tout oublier, et cet ange cornu
    Comme le vieux Moïse,
Qui de moi se sachant le visage inconnu
    A coups de front me brise.

Mêlons dans notre lit nos jambes et nos bras,
    D'un si tendre mélange,
Que ne puisse, voulant m'arracher de mes draps,
    S'y reconnaître l'ange.

Formons étroitement, en haut de ce tortil
    D'un baiser, une rose;
Et l'ange, à ce baiser parfumé, puisse-t-il,
    Avoir l'âme déclose.

Le cœur indifférent à ce que je serai,
    Aux gloires du poème,
Je vivrai, libre enfin, par toi seule serré,
    Et te serrant de même,

Alors profondément devenus à nous deux
    Une seule machine
A maints têtes et bras, ainsi que sont les dieux
    Dans les temples de Chine.

Der Engel stößt, gehörnt (dem Mose so verwandt),
Mich, der ich ihn erzürne,
Weil ich Vergessen such, er weiß sich unerkannt,
Brutal mit seiner Stirne.

Die Glieder mischen wir, das Lager sei uns Ort
Zu innigstem Gemenge,
Daß es dem Engel, wollt er mich entführn von dort,
Wahrscheinlich nicht gelänge.

Komm, laß uns eng umfaßt auf unsrem Liebesbund
Den Kuß als Rose sprießen;
Der Engel könnte dann dem Duft verfallen und
Sein Herz nicht mehr verschließen.

Mir ist es ganz egal, das Urteil über mich
Im edlen Dichterkreise,
Frei und gefangen nur von dir, umfang ich dich
Ganz fest in gleicher Weise,

Daß aus uns beiden ein Maschinenwesen ward,
An Köpfen reich und Beinen;
Bekanntlich trifft man auch auf Götter dieser Art
Bei Chinas Tempelschreinen.

Je n'aime pas dormir quand ta figure habite,
La nuit contre mon cou;
Car je pense à la mort laquelle vient si vite
Nous endormir beaucoup.

Je mourrai, tu vivras et c'est ce qui m'éveille!
Est-il une autre peur?
Un jour ne plus entendre auprès de mon oreille
Ton haleine et ton cœur.

Quoi? ce timide oiseau, replié par le songe
Déserterait son nid,
Son nid d'où notre corps à deux têtes s'allonge
Par quatre pieds fini.

Puisse durer toujours une si grande joie
Qui cesse le matin,
Et dont l'ange chargé de me faire ma voie
Allège mon destin.

Léger, je suis léger sous cette tête lourde
Qui semble de mon bloc,
Et reste en mon abri, muette, aveugle, sourde,
Malgré le chant du coq.

Ich schlafe nicht gern ein, kommt dein Gesicht zu liegen
An meinem Hals, bei Nacht;
Ich denke an den Tod, der uns, die Jahre fliegen,
Auf lange schlafen macht.

Ich sterbe und du lebst, da soll mich Furcht nicht lähmen!
Gibt es denn andren Schmerz,
Als eines Tags am Ohr nicht länger zu vernehmen
Den Atem und dein Herz?

Der scheue Vogel hier, gekauert in die Süße
Des Traums, wird fliehn sein Nest?
Wo unser Körper sich, zwei Köpfe und vier Füße,
Zur Ruhe niederläßt.

Verweilte doch die Lust, die schon am Morgen endet,
Die Freude, übergroß,
Mit der der Engel, mir auf meinen Weg gesendet,
Verschönt mein Erdenlos.

Ich fühl mich leicht, laß mich vom schweren Kopf nicht stören,
Mein eigen, ruht er lang
In meiner Obhut aus, stumm, blind und ohne Hören,
Trotz hellem Hahnensang.

Cette tête coupée, allée en d'autres mondes,
    Où règne une autre loi,
Plongeant dans le sommeil des racines profondes,
    Loin de moi, près de moi.

Ah! je voudrais, gardant ton profil sur ma gorge,
    Par ta bouche qui dort
Entendre de tes seins la délicate forge
    Souffler jusqu'à ma mort.

Der Kopf ist abgetrennt, in andre Welt verschlagen,
Folgt andrer Satzung da,
Taucht tief hinab, wohin des Schlafes Wurzeln ragen,
Mir ferne und mir nah.

Ach, wenn ich dein Profil an meinem Hals nur wüßte
Und mich dein schlafend Mund
Stets hören ließe sacht den Blasebalg der Brüste,
Bis einst ich geh zugrund!

Quand je te vois sortir plus qu'à moitié du songe,
Et de sa glu tirant un à un tes esprits,
Ayant le vrai mêlé d'ingénieux mensonge,
Et tes membres bougeant, à cette mort repris;

Je pense aux monstres, fous de ce chantre de Thrace,
S'ils ne l'eussent lâché sitôt qu'il s'en alla.
Ainsi je voudrais voir suivre dehors ta trace,
Le bétail de ton rêve, étonné d'être là.

Je découvrirais donc ceux qu'en un tour d'horloge,
Inerte à mes côtés, loin de moi tu charmais,
Lorsque tu t'en reviens et que je t'interroge,
Et que tu me réponds: Je ne rêve jamais.

Seh ich zur Hälfte dich dem fernen Traum entsteigen,
Aus dessen Vogelleim du deine Sinne ziehst,
Wo sich Phantasmen eng verquickt mit Wahrem zeigen,
Und du die Glieder rührst, dem Tod erneut entfliehst –

Dann denk ich an das Wild, berückt von Thrakiens Sänger,
Stets hätt es ihn umringt, wär er nicht fortgeeilt,
So würd ich gerne schaun, wie aus dem Schlaf und länger
Dein Traumgetier dir folgt und scheu im Morgen weilt.

Die du bezaubert hast, bei einem Zeigerkreisen,
Mir fern, an meiner Seit, dann endlich säh ich sie,
Wenn du, zurückgekehrt von deinen Schlafesreisen,
Und so wie stets befragt, nur sagst: Ich träume nie.

Mauvaise compagne, espèce de morte,
De quels corridors,
De quels corridors pousses-tu la porte,
Dès que tu t'endors?

Je te vois quitter ta figure close,
Bien fermée à clé,
Ne laissant ici plus la moindre chose,
Que ton chef bouclé.

Je baise ta joue et serre tes membres,
Mais tu sors de toi,
Sans faire de bruit, comme d'une chambre,
On sort par le toit.

☆

Lit d'amour, faites halte. Et, sous cette ombre haute,
Reposons-nous: parlons; laissons là-bas au bout,
Nos pieds sages, chevaux endormis côte à côte,
Et quelquefois mettant l'un sur l'autre le cou.

Schlechte Gefährtin, dem Tode verschworen,
    Sag an, was für Türn
Stößt auf du im Schlaf, zu welch Korridoren
    Läßt du dich entführn?

Du gehst deines Wegs, hast gründlich verschlossen
    Das Tor des Gesichts,
Dein Haupt bleibt zurück, von Locken umflossen,
    Und weiter bleibt nichts.

Ich preß deinen Leib, ich küß deine Wangen,
    Doch du trittst hinaus,
Ganz ohne Geräusch; so steigt man, gefangen,
    Durchs Dach aus dem Haus.

☆

Liebeslager, halte ein. Und in diesem Schattenweit
Ruhen wir uns plaudernd aus; ganz am Ende, unbewegt,
Unsre Füße, Pferde, tief eingeschlafen Seit an Seit,
Deren eines seinen Hals zart auf den des andren legt.

Rien ne m'effraye plus que la fausse accalmie
D'un visage qui dort;
Ton rêve est une Egypte et toi c'est la momie
Avec son masque d'or.

Où ton regard va-t-il sous cette riche empreinte
D'une reine qui meurt,
Lorsque la nuit d'amour t'a défaite et repeinte
Comme un noir embaumeur.

Abandonne, ô ma reine, ô mon canard sauvage,
Les siècles et les mers;
Reviens flotter dessus, regagne ton visage
Qui s'enfonce à l'envers.

Nein, nichts erschreckt mich mehr als Ruh, der nicht zu trauen,
Wie sie der Schlaf uns zollt;
Dein Traum – Ägypten, du – als Mumie anzuschauen,
Geschmückt mit Maskengold.

Der Larve Pracht zeigt, wie die Königin verscheidet,
Doch sag, wo blickst du hin,
Sobald die Liebesnacht zum Salben dich entkleidet,
Als schwarze Dienerin?

O meine Königin! O Wildente! Komm fliehe
Die Meere und die Zeit.
Flieg über sie hinweg, und dein Gesicht, entziehe
Es der Versunkenheit.

Notre entrelac d'amour à des lettres ressemble,
Sur un arbre se mélangeant.
Et, sur ce lit, nos corps s'entortillent ensemble,
Comme à ton nom le nom de Jean.

Croiriez-vous point, ô mer, reconnaître votre œuvre,
Et les monstres de vos haras,
Si vous sentiez bouger cette amoureuse pieuvre
Faite de jambes et de bras.

Mais le nœud dénoué ne laisse que du vide;
Et tu prends le cheval aux crins,
Le cheval du sommeil, qui, d'un sabot rapide,
Te dépose aux bords que je crains.

Beim Umarmen sind wir wie die Lettern verschlungen,
    Die an Bäumen man lesen kann.
Unsre Körper im Bett, voneinander durchdrungen,
    Wie dein Name von meinem »Jean«.

Schaut, o See, und erkennt, was Euch mit ihm verbindet,
    Es gleicht Euren Wesen der Nacht.
Dieses Krakentier hier, das in Liebe sich windet,
    Aus Armen und Beinen gemacht.

Ist der Knoten gelöst, bleibt zurück nur die Leere,
    Du hältst bei der Mähne gefaßt
Dein Traumpferd, das dich im Galopp über Meere
    Zu Ufern trägt, die mir verhaßt.

Je regarde la mer qui toujours nous étonne
Parce que, si méchante, elle rampe si court,
Et nous lèche les pieds comme prise d'amour,
Et d'une moire en lait sa bordure festonne.

Lorsque j'y veux plonger, son champagne m'étouffe,
Mes membres sont tenus par un vivant métal;
Tu sembles retourner à ton pays natal,
Car Vénus en sortit sa fabuleuse touffe.

Ce poison qui me glace est un vin qui t'enivre.
Quand je te vois baigner je suis sûr que tu mens;
Le sommeil et la mer sont tes vrais éléments ...
Hélas! tu le sais trop, je ne peux pas t'y suivre.

Ich schau zum Meer, das wir mit Staunen stets erleben,
So boshaft es auch ist, es kriecht sein kurzes Stück
Und leckt die Füße uns, wie toll vor Liebesglück,
Von seinem weichen Saum aus fetter Milch umgeben.

Und tauch ich, läßt sein Sekt den Atem mir versiegen,
Gefesselt bin ich schier von lebendem Metall;
Erneut spürst du das Land der Kindheit überall,
Des märchenhaftem Tang die Venus einst entstiegen.

Was mich als Gift versteint, macht dich als Schaumwein
trunken.
Ich seh dich baden, weiß: Du fühlst und gibst dich hin;
Der Schlaf und auch das Meer sind ganz nach deinem Sinn . . .
Versperrt bleibt mir das Reich, in welchem du versunken.

Au moment de plonger sous les vagues du songe
    Tu sembles hésiter;
Craindrais-tu, par hasard, qu'à ta suite je plonge
    Et du même côté.

Ne crains rien, nos sommeils ont une différence,
    Car lorsque je m'endors,
Le cauchemar te mêle aux lieux de mon enfance
    Avec mes amis morts.

Tu traverses les bois, les groseilliers, les fermes,
    Les routes que j'aimais;
Tandis qu'en la torpeur profonde où tu t'enfermes
    Je ne marche jamais.

Il me serait bien doux de déranger ton rêve,
    De l'habiter longtemps.
Alors je tremblerais que le soleil se lève
    Et t'ouvre à deux battants.

Im Moment, wo du tauchst in des Tieftraumes Wellen,
Fällt es dir sichtlich schwer,
So als hättest du Angst, ich könnt hinter dich schnellen,
Von gleicher Seite her.

Fürchte nichts, denn wir ruhn auf verschiedene Weise,
Wenn mich der Schlaf gewinnt,
Trägt ein Alp dich zum Ort meiner Kinderzeit leise,
Wo tote Freunde sind.

Du durchwanderst den Wald, die Gehöfte und Auen,
Die Pfade, die mir lieb;
Ich dagegen seh nur dein Erstarrn, nie die grauen
Tiefen, in die es trieb.

Deinen Traum zu verwirrn wär mir süßeste Wonne,
Ihn zu bewohnen gar –
Zittern würde ich, daß die erwachende Sonne
Öffnet dein Schalenpaar.

Lorsque nous serons tous deux sous la terre,
    Plus ou moins dessous,
Un moyen nouveau nous venant extraire
    De nos corps dissous;

Dessous ou dessus (là-bas notre langue
    N'ayant plus de cours)
Nous ne serons pas de visage exsangue,
    Ni légers, ni lourds.

Tout sera changé de ce que nous sommes,
    Oui, tout à l'envers.
Et les murs épais du sommeil des hommes,
    Nous seront ouverts:

Si je meurs premier, dans tes rêves j'entre;
    Je verrai comment,
Lorsque je dormais, la main sur ton ventre,
    Tu changeais d'amant.

In der Erde dann, zu zweit, nach dem Sterben,
Nun, da unten halt,
Löst Neues uns aus, die Körper verderben
Und zerfallen bald.

Ob droben, ob tief (die Sprache wird schwinden,
Wir reden nicht mehr)
Man wird uns dort auch zu blaß nicht mehr finden,
Zu leicht oder schwer.

All das, was wir sind, das wechselt auf Dauer,
Wird völlig verdreht,
So daß selbst des menschlichen Schlafes Mauer
Für uns offensteht:

Zuerst tot, werd ich dir im Traum erscheinen
Und sehn, wie es ging,
Daß du mich betrogst, als mein Leib den deinen
Im Schlummer umfing.

Je peux regarder le soleil en face,
    Ton œil ne le peut.
Voilà bien mon tour, c'est la seule place
    Où je gagne au jeu.

Lorsque nous devrons aux enfers descendre,
    S'il est des enfers,
Nous n'habiterons le même scaphandre,
    Ni la même mer.

Tu sauras trouver d'autre compagnie
    Au séjour des morts.
Ah! comment guérir ta folle manie
    De m'ôter ton corps?

Der Sonne kann ich ins Angesicht sehen,
    Du hältst das nicht aus.
Darin bin ich groß, hier kann ich bestehen
    Und bin dir voraus.

Und steigen wir ab in Höllenbereiche,
    (Wenn's damit weit her),
Der Tauchanzug wär uns dort nicht der gleiche
    Und auch nicht das Meer.

Du wirst, kaum daß wir im Totenhain weilen,
    Zu anderen fliehn.
Ach, wie deinen Leib von der Unart heilen,
    Sich mir zu entziehn?

Tes rires retroussés comme à son bord la rose,
Effacent mon dépit de ta métamorphose;
Tu t'éveilles, alors le rêve est oublié.
De nouveau je me trouve à ton arbre lié,
Tu me serres le corps de ta petite force.
Que ne sommes-nous plante, et d'une seule écorce,
D'une seule chaleur, d'une seule couleur,
Et dont notre baiser serait l'unique fleur.

Dein Lachen formt sich neu, kraus wie der Rand der Rose,
Schon zürne ich nicht mehr deiner Metamorphose:
Du schlägst die Augen auf, vergessen ist der Traum,
Von neuem seh ich mich geschnürt an deinen Baum,
Du fesselst meinen Leib mit deinen schwachen Kräften.
Sind wir nicht ein Gewächs, durchströmt von gleichen Säften,
In Rinde, Farbe gleich, von einer Glut durchfacht,
Dem unser beider Kuß verleiht die Blütenpracht.

L'orgueil me gâche tout. Ce matin, demi-morte,
Tu gisais, par l'amour mise toute à l'envers.
Chacun de nous vivait dans un autre univers;
Je n'étais pas heureux, et je faisais en sorte.

Je mentais, n'étant point comme toi déferré,
Vaincu, laissé pour mort sans chemise et sans armes;
Du lit où n'eussent dû m'atteindre que tes charmes,
Mon esprit dérivait, par l'orgueil affairé.

Un mot calomnieux, quelques petites pointes,
Me venaient du dehors piquer la crête à vif.
Or, indigne cent fois de ton amour naïf,
Mon âme galopait, malgré nos jambes jointes.

Je me vengeais, j'allais battre mes ennemis;
Je rentrais, je sortais, je parcourais la France.
Alors que le bonheur est la seule vengeance,
Et que la trève est douce aux amants endormis.

Der Stolz bringt mich noch um. In einem Morgengrauen,
Da ruhtest du, halbtot, vor Liebe ganz verwirrt.
Ein jeder lebte an sein eignes All geschirrt,
Ich war nicht glücklich, doch bemüht, so auszuschauen.

Ich log, war nicht wie du entblößt und ungeschützt,
Besiegt und scheinbar tot, ganz ohne Hemd und Waffen;
Dem Bett, das einzig mir für deinen Reiz geschaffen,
Entsprang mein Geist, verbohrt, vom Hochmut ausgenützt.

Mir hat ein derbes Wort, paar Stichelein alleine,
Von außen beigebracht, den Hahnenkamm versehrt,
Gleich lief, dein schlichtes Lieben hundertfach nicht wert,
Die Seele mir Galopp, trotz der verflochtnen Beine.

Ich rächte mich und schlug die Feinde, wo ich traf,
Zurück, zog ich erneut, ganz Frankreich zu durchqueren.
Wie süß ist, weil sie Glück als Rache nur begehren,
Die Waffenruhe da den Liebenden im Schlaf.

A l'amour je retourne et contre je me vautre;
Ton lit sans fond vaut certe un glorieux sommet.
Chasse de mon esprit la chicane des autres,
Puisque souffrir d'amour, l'ange me le permet.

Tiens ton bel œil ouvert. Veille. Car je redoute
Ce sommeil machiné qui te transporte ailleurs.
Tu sais combien le mal à croire cher me coûte,
Mais quand tu dors je pense à des mondes meilleurs,

Où tu vogues sans corps, sans air, sans paysage,
Et faisant de si loin tes lèvres remuer,
Et de si loin aussi sourire ton visage,
Que sur ces signes-là, je pourrais te tuer.

Erneut bin ich verliebt und wälz mich in den Kissen;
Dein bodenloses Bett führt steil zum Himmelslicht.
Komm her zu mir, mach heil, was andere zerrissen,
Denn Liebesschmerz zu fühln, erlaubt mein Engel nicht.

Dein schönes Augenpaar halt offen, denn ich bange,
Daß dich das Räderwerk des Schlafs von hinnen trägt.
Den Argwohn büß ich schwer, und trotzdem denk ich lange
An diese bessre Welt, in die es dich verschlägt.

Dort treibst du körperlos in luftleer kahlen Weiten,
Ich seh, wie du von fern bewegst dein Lippenrot
Und seh ein Lächeln sich auf deine Züge breiten,
Auf diese Zeichen hin, da wünscht ich dir den Tod.

Je ne veux plus souffrir du songe qui me trouble,
    Et vaincrai mon souci,
Car aimes-tu quelqu'un en existence double,
    Tu le trompes ici.

Trompons ce bienheureux pour qui tu te contractes
    Dans ton sommeil profond;
Au contraire, il m'est doux de me livrer aux actes
    Que tes chimères font.

L'autre te croit à lui. Mon baiser te réveille.
    Et il te cherche en vain,
En ces lieux, où par quelque infernale merveille,
    Ta présence lui vint.

Vom Traum, der mich so quält, versuch ich zu genesen,
    Mach mich vom Kummer frei,
Daß Liebe dich erfüllt zu einem Zwitterwesen,
    Du mich betrügst dabei.

Den Glücklichen wolln wir dafür zu täuschen streben,
    Der dir im Schlaf das Ziel;
An seiner Statt werd ich mich wohlgemut ergeben
    Deiner Chimären Spiel.

Der Andre wähnt dich nah. Wenn dich mein Kuß erweckte,
    Sucht er an Orten dann,
Wo er durch Blendwerk aus der Hölle dich entdeckte
    Und nicht mehr finden kann.

Je voyage bien peu. J'ai vu Londres, Venise,
    Bruxelles, Rome, Alger.
    De musée en église
S'épuisant mon désir d'encore voyager.

Londres, cœur de charbon, pavot de brique rose,
    Où l'on marche endormi.
    Venise, triste à cause
Que son vieux corps d'amour n'est ville qu'à demi.

Bruxelles, dont la place est un riche théâtre.
    Rome, à l'œil inhumain
    Des moulages de plâtre.
Alger qui sent la chèvre et la fleur de jasmin.

Je n'étais pas heureux dans ces villes que j'aime;
    Mon cœur y souffrait nu.
    A Paris, c'est de même.
Je me sens mal partout, sauf en tes bras tenu.

Ich reise. Hab London, Venedig gesehen,
  Brüssel, Algier und Rom.
  Und ich fühlte vergehen
Die Reiselust zwischen Museum und Dom.

London, Kohleherz, Mohn – so rosig wie Ziegel,
  Durchquert man schlafesmatt.
  Trist, Venedig, im Spiegel
Seines liebenden Leibs, der zur Hälfte nur Stadt.

Den Platz Brüssels scheint ein Theater zu schmücken.
  Rom blickt unmenschlich hart
  Aus den Gipsabdrücken,
Während Algier Jasminduft und Ziegenruch wahrt.

Ich lieb diese Städte, dacht, dort nur erreiche
  Ich Frohsinn – und litt Harm.
  In Paris, ganz das gleiche.
Mir geht's überall schlecht, außer in deinem Arm.

Il nous faut dépêcher, ne perdons pas de temps.
Ne nous imposons point de repos ni de jeûne.
Dans quelques jours d'ici tu seras encore jeune,
Je ne le serai plus. Je viens d'avoir trente ans.

Je peinais, je hissais et j'oubliais la pente.
Il faut me retenir au lieu de me pousser;
Le cœur déroule vite un ruban de passé,
Toi de chiffre dix-neuf, et moi de chiffre trente.

Que ce maudit ruban peut me faire du mal!
Qu'il attende qu'autant le tien de ton cœur sorte,
Et côte à côte alors, sentirions de la sorte,
Diminuer moins fort le peloton fatal.

Wir müssen uns beeiln, die Zeit verrinnt ja bald,
Laß uns Enthaltsamkeit und Ruhedurst verneinen.
In ein paar Tagen, da wirst du noch jung erscheinen,
Ich jedoch nicht. Ich bin jetzt dreißig Jahre alt.

Ich hatte Kummer, sprach, vergaß die Kluft. Heut weiß ich,
Ich hab mich vorgewagt, wo ich verharren sollt;
Das fein bestickte Band, das mir mein Herz entrollt,
Zeigt eine Neunzehn dir, mir aber eine Dreißig.

Ach, dies verfluchte Band, es martert mir das Hirn!
Es ruh, bis deinem Herz sich seines wird entwinden,
Wir wollen, Seit an Seit, uns dann zusammenfinden,
Um das vertrackte Knäul allmählich zu entwirrn.

Hélas! vais-je à présent me plaindre dans ces stances,
Et voir, près de Charon,
La mort, indifférente à telles circonstances,
Qui la décideront.

Elle vit. Elle attend. Ce n'est pas dans son rôle,
De choisir notre port.
Ce détail est pour elle un simple coup d'épaule
Que lui donne le sort.

Rien ne sert de prier cette vieille statue,
De savoir ses desseins;
Car ce n'est pas la mort elle-même qui tue.
Elle a ses assassins.

Ich will den Strophen hier mein Leid nun anvertrauen
Und seh in Charons Boot
Ganz kühl und teilnahmslos die Umstände beschauen,
Die ihm befehln, den Tod.

Er späht. Er wartet ab. Läuft nicht in unsren Hafen;
Es traf sich diesmal nicht.
Der kleine Wink blieb aus, der Hinweis, die zu strafen,
Die ihm das Los zuspricht.

Dies alte Standbild wird euch niemals Auskunft geben,
Und fleht ihr noch so sehr.
Weil: es ist nicht der Tod, der trachtet nach dem Leben.
Er hat sein Mörderheer.

Jean

III

Ainsi que se tournent les plantes,
Et que, sises sur un côté,
Hésitent les tables tournantes,
On sent les muses hésiter.

Une prend les fils, une trie,
Une perce le canevas.
Les courbes de leur broderie
Décident seules où tu vas.

Si je m'écarte de la cible,
Tout mon devoir n'ayant pas pu,
L'ange, serviteur inflexible,
Me cogne avec son front crépu.

Grad so wie die Pflanzen sich drehen,
Wie zögernd, im kurzen Erstarrn,
Die rückenden Tische auch stehen,
So fühlt man die Musen verharrn.

Die spinnt, jene zwirbelt den Faden,
Die letzte von ihnen sticht ein.
Dein Weg wird bestimmt von den Geraden
Und Kurven der Stickerein.

Wenn ich von der Route abweiche,
Bevor ich am Zielpunkte bin,
Stößt der Engel, der ewiggleiche
Lakai, mich mit Stirnrunzeln hin.

J'ai peine à soutenir le poids d'or des musées,
Cet immense vaisseau.
Combien me parle plus que leurs bouches usées
L'œuvre de Picasso.

Là, j'ai vu les objets qui flottent dans nos chambres,
Trop grands ou trop petits,
Enfin, comme l'amour mêle bouches et membres,
Profondément bâtis!

Les muses ont tenu ce peintre dans leur ronde,
Et dirigé sa main,
Pour qu'il puisse, au désordre adorable du monde
Imposer l'ordre humain.

Museen sind Gefäß von Gold und so gewichtig,
Daß ich's kaum tragen kann.
Ihr Mundwerk ist verbraucht, um wieviel mehr doch spricht mich
Das Werk Picassos an.

Objekte, die zu groß und klein ins Zimmer drängen,
Hab ich darin erschaut,
Wie Münder, Glieder, die beim Liebesspiel sich mengen,
So gut durchdacht gebaut.

Der Maler ward im Kreis der Musen aufgenommen,
Die seine Hand gefaßt,
Damit er dieser Welt, so zauberhaft verkommen,
Das Menschenmaß verpaßt.

Les muses sont de feux, de cristaux, comme un lustre
    Brûlant et bruissant,
Suspendu sur celui qu'elles veulent illustre
    Et spécial d'accent.

Vous semblez puérils, tours cruels de la foudre,
    A côté de leurs tours,
Lorsqu'elles prennent soin de découdre et recoudre
    Nos avenirs trop courts.

Un orage, d'ailleurs, avec elles habite
    Une haute cité.
Les voilà! Les voilà! Dans mon âme crépite
    Leur électricité.

Die Musen sind aus Glut, ein Leuchter von Kristallen,
Ein Lodern, Brausen, Grolln,
Der über jenem hängt, dem sie zu Wohlgefallen
Und Ruhm verhelfen wolln.

Des Blitzes Zickzack ist, vor ihrer Bahn gesehen,
Nur eine Nichtigkeit,
Wenn sie mit Sorgfalt uns zertrennen und neu nähen
Den Rest der Lebenszeit.

Ein Unwetter lebt dort, daß ihrer Stadt nichts fehle,
Die nah den Wolken steht.
Sie sind da! Ihre Kraft knistert in meiner Seele
Als Elektrizität.

Ne m'interrogez plus. Interrogez ces filles
Dont je suis le valet;
Mais ne les croyez point ni belles, ni gentilles,
A qui leur semble laid.

Toujours toutes en train de fondre et de refondre
De précieux dangers,
Pourquoi supposez-vous qu'elles veuillent répondre
Quand vous interrogez?

On ne dérange pas ces personnes hautaines
Qui travaillent debout,
Et qui laissent couler, ainsi que des fontaines,
Les œuvres, bout à bout.

Fragt mich nicht mehr. Ihr sollt die Mädchen besser fragen,
    Die mich in Dienst gestellt;
Doch glaubt mir, daß sie Gunst und Anmut dem versagen,
    Der ihnen nicht gefällt.

Stets lösen sie sich auf, um neu sich zu erbauen
    Aus köstlichen Gefahren,
Und selbst wenn ihr sie fragt, was gibt euch das Vertrauen,
    Auch Antwort zu erfahren?

Nein, man belästigt nicht so selbstgerechte Wesen,
    Sie arbeiten im Stand
Und spein, Fontänen gleich, man braucht nur aufzulesen,
    Die Werke, Band an Band.

Les sœurs, comme un cheval, nous savent la main mordre,
Et nous jeter au sol,
Lorsque nous essayons de différer leur ordre,
En leur flattant le col.

Elles portent au but celui-là qui les aide,
Et se met de côté,
Même s'il en a peur, même s'il trouve laide
Leur terrible beauté.

Or moi j'ai secondé si bien leur force brute,
Travaillé tant et tant,
Que si je dois mourir la prochaine minute,
Je peux mourir content.

Die Schwestern beißen uns, wie Pferde, in die Hände
Und werfen nieder den,
Der sie am Halse krault, um ihr Gebot am Ende
Absichtlich zu umgehn.

Sie tragen bis ins Ziel, wer ihnen kommt entgegen
Und sich zur Seite streckt,
Mag er auch Furcht verspürn, vor ihnen Abscheu hegen,
Weil ihre Schönheit schreckt.

Was mich betrifft: Ich stand mit ihnen stets im Bunde
Und ihrer rohen Kraft,
Zufrieden noch im Tod, und käme er zur Stunde,
Mit dem, was ich geschafft.

Muses qui ne songez à plaire ou à déplaire,
Je sens que vous partez sans même dire adieu.
Voici votre matin et son coq de colère.
De votre rendez-vous je ne suis plus le lieu.

Je n'ose pas me plaindre, ô maîtresses ingrates,
Vous êtes sans oreille et je perdrais mon cri.
L'une à l'autre nouant la corde de vos nattes,
Vous partirez, laissant quelque chose d'écrit.

C'est ce que vous voulez. Allez, je me résigne,
Et si je dois mourir, reparaissez avant.
L'encre dont je me sers est le sang bleu d'un cygne,
Qui meurt quand il le faut pour être plus vivant.

Du sommeil hivernal, enchantement étrange,
Muses, je dormirai, fidèle à vos décrets.
Votre travail fini, c'est fini. J'entends l'ange
La porte refermer sur vos grands corps distraits.

Que me laissez-vous donc? Amour! Tu me pardonnes,
Ce qui reste, c'est toi: l'agnelet du troupeau.
Viens vite, embrasse-moi, broute-moi ces couronnes,
Arrache ce laurier qui me coupe la peau.

OCTOBRE 1922.

Ihr Musen sucht nicht Gunst, noch sucht ihr zu mißfallen,
Ich spüre nur, ihr geht, laßt grußlos mich allein.
Das hier ist euer Tag, die Hahnenschreie schallen,
Ich bin nicht länger Ort für euer Stelldichein.

Ich werfe euch nichts vor, ihr danklosen Mätressen!
Es würde sich mein Schrei vor taubem Ohr verliern.
Ihr dreht das Haar zum Strick einander, selbstvergessen,
Geht fort und hinterlaßt ein wenig an Papiern.

Nun gut, ich gebe nach, ihr wollt es so, ich ahn es,
Vielleicht, daß ihr vorm Tod noch einmal nach mir seht.
Statt Tinte schreib ich mit dem Blaublut eines Schwanes,
Der stirbt und dann verjüngt zum Leben aufersteht.

Verfall dem Winterschlaf, dem seltsamen Genießen,
Wo, Musen, ich getreu das Anvertraute wahr.
Ihr tatet euern Teil. Den Engel hör ich schließen,
Die Tür fällt zu und schon verteilt sich eure Schar.

Was laßt ihr nun zurück? Geliebtes, nein, verzeihe!
Das, was mir bleibt, bist du: der Herde kleines Lamm.
Umarme mich, komm schnell, friß ab die Dichterweihe,
Den Lorbeer, daß er mir die Haut nicht mehr verschramm.

OKTOBER 1922.

ANMERKUNGEN DES ÜBERSETZERS

S. 15: *Von ihm selbst*
»hält Merkur in der Hand, als Zeichen, eine Acht« – Anspielung auf den von zwei verflochtenen Schlangen gekrönten Heroldsstab des Götterboten.

S. 27: *Beim L'hombre eingeschlafene Spieler*
L'hombre – ein in Frankreich beliebtes Kartenspiel spanischen Ursprungs (nach dem spanischen Wort »el hombre«: »der Mensch, der Mann«).

S. 37: *Sport*
»Cher oder Lot« – Nebenflüsse der Loire bzw. der Garonne, die den zugehörigen Departements ihren Namen gaben.

S. 41: *Spiele doch Wunder*
»Jeux mais merveilles« – Der Titel kann auch gelesen werden: »Je m'émerveille« und lautete dann singemäß übersetzt: »Was mich entzückt.«

S. 43: *Sonntagmorgen*
»Ihr faulen Hallenkönige« – »Rois fainéants« – »faule Könige«, auch »Schattenkönige« genannt: Beiname der letzten Merowingerherrscher. Mit »Hallen« sind hier »les Halles«, die Markthallen von Paris gemeint.

S. 53: *König Ödipus*

»der Päan«	– feierlicher, meist im Chor vorgetragener Gesang, Anrufung der Götter.

S. 79: *Weiße Nacht oder Schreckenstaube*

»fliegen und stehlen«	– Im Französischen das gleiche Verb »voler« (siehe auch *Die Kinderräuber*).
»weiße Nacht«	– (»nuit blanche«), ein im Französischen geläufiger Ausdruck, um eine – wie auch immer – durchwachte Nacht zu bezeichnen.

S. 83: *Hoher Einsatz*

»Martingale«	– Im Französischen doppeldeutig: 1) Verdoppelung des Einsatzes nach einem verlorenen Spiel (z. B. beim Roulette) 2) Lederriemen, Sprungzügel des Pferdes.

NACHWORT

Opéra ist der verspielteste Gedichtband, den Jean Cocteau veröffentlicht hat. Nirgends sonst gelingen ihm so treffsicher und unverkrampft die traumwandlerischen Kombinationen. Ein poetischer Strom ergreift die Dinge, die Ereignisse und schließt sie kurz in seinem von Adern und Nerven durchschlungenen Wirbel. Radfahrer, Sterne, Statuen, Wäscherinnen, Leintücher, Engel, Vögel, Seifenblasen und Telegraphendrähte treten in einen zwischen verschiedenen Sphären oszillierenden Reigen ein. Der Sog des Traums hat die Dinge ihrer Erdenschwere beraubt, sie aus der Wirklichkeit gelöst; Häuser lichten die Anker, Schriftzeichen fliegen auf und gesellen sich zu den Engelsvögeln, die mit den Scheren ihrer Flügel die irdischen Taue kappten. Es ist eine Welt, in die der Himmel gestürzt zu sein scheint. Etwas ist vorgefallen. Magnesiumgewitter erhellt einen Tatort, dessen scharfe Schatten den schlafwandelnden Detektiv auf fremde, geheimnisvolle Spuren setzen, die stets ins Dunkel münden. Der übermütige Ton sei ein »Pfeifen im Finstern«, kommentierte Cocteau gern seine Arbeiten. Zuweilen weht die Luft einer Kriminalaffäre durch diese Traumwelt. Einmal die Musen aufgescheucht, die Statuen zum Leben erweckt, wer weiß, was sie anrichten? Der Dichter liefert sich ihrem zwielichtigen Treiben aus, aber er kennt keine Ehrfurcht vor den respekterheischenden Damen; die Versteinerungen der Kunstgötter, er duzt sie, damit sie aus ihrem Schlaf der Ewigkeit erwachen. Er braucht sich nur umzuwenden, schon umringt ihn die plappernde Schar der antiken Helden. Mit einer Münze wirft er den Sprechautomaten des Orakels an: Die Wellen der Worte schwappen über, der Sinn wird in die Drift ihres Klangs gerissen, doch der Dichter hält die Strömung im Griff. Die Schlieren der Kindheit ziehen vorüber und der Schwalbenschwarm der Radfahrer von Paris. In einem Hotelzimmer an der Mittelmeerküste kräuselt sich das Licht an der Decke; man taucht in ihre Tiefen, denn man ist verabredet: Ein Engel erwartet uns hinter dem Traumbaum. In *Opéra* tanzt Cocteau mit seinem verehrten poetischen Geheimnis, dem er sonst oft allzu reichlich Weihrauch opfert. Das orakelnde Raunen tönt hier aus einem Gaukelspiel akrobatischer Verwandlungen.

Die meisten der Gedichte von *Opéra* dürften in Villefranche an der Côte d'Azur entstanden sein. Dort hielt sich Cocteau im Sommer 1925 und 1926, wie so oft, im Hotel Welcome auf, das Künstler, Matrosen und Prostituierte frequentierten. Cocteau liebte seine überdrehte Atmosphäre. Er hatte sich im Frühjahr 1925 zu einer Entziehungskur bewegen lassen, aber wenige Monate später rauchte er bereits wieder seine Opiumpfeifen. Deren Dünste haben gewiß das Lob der Traumsphären in *Opéra* beflügelt. In Villefranche verfaßte er 1925 auch das Theaterstück *Orpheus*, das eine verwandte surreale, zwischen Himmel und Erde schwebende Welt auf die Bühne bringt und die Helden der Antike mit den Requisiten der modernen Zivilisation ausstattet. Schon seine Sophokles-Bearbeitung *Antigone* von 1922 zeigt Cocteaus Begeisterung für die griechische Mythologie, wie sie sich auch in *Oedipe-roi* (König Ödipus), ebenfalls 1925 in Villefranche geschrieben, und der *Höllenmaschine* von 1934 niederschlägt. Die Stimmung mancher Gedichte aus *Opéra* läßt an die aphoristischen Betrachtungen des *Weltlichen Geheimnisses* denken, in denen er 1928 den Geist von Giorgio de Chiricos Bildern literarisch wiederzugeben versucht (siehe den Band »Kritische Poesie I« dieser Ausgabe).

Als Cocteau 1927 *Opéra* zusammenstellte, traf er aus einer großen Zahl von Gedichten, die er während der Jahre 1925 bis 1927 geschrieben hatte, eine Auswahl, den Rest hielt er offenkundig nicht für veröffentlichenswert; ein Zwischentitel, *Le Musée secret*, untergliedert die Sammlung. Weiter nahm er ein Gedicht von 1921 auf, *Prière mutilée*, und vor allem *L'Ange Heurtebise*, das ihm immer besonders am Herzen lag. Dieses lange Gedicht war bereits 1925 gesondert erschienen. In *Opium* und später in *Journal d'un inconnu* (Tagebuch eines Unbekannten) gibt er Hinweise zu seiner Entstehungsgeschichte: Eines Tages sei ihm, nachdem er Opium geraucht hatte, in einem Aufzug ein Name ins Auge gesprungen, der ihn zu rufen schien: Heurtebise lautete er (übersetzt hieße dies etwa »Sturmbrecher, Windspalter«). Als er ein andermal den Aufzug benutzte, fand er auf dem Schild nur die Firmenmarke: Otis-Pifre. Der Engel, dem er diesen Namen gab, entspringt wohl der Erinnerung an seinen Freund und Geliebten Raymond Radiguet; auch der sexuelle Unterton so mancher Verse legt dies nahe. Nach Radiguets Tod im Dezember 1923 hatte sich Cocteau in den Opiumrausch gestürzt. Heurtebise heißt übrigens auch der Engel, der Orpheus in dem Theaterstück auf seinem qualvollen Weg in den Himmel der Poesie begleitet.

Sechs Gedichte der französischen Originalsammlung wurden in der vorliegenden Ausgabe fortgelassen, da die Wortspiele in ihnen so sehr im Vordergrund stehen, daß es dem deutschsprachigen Leser wohl schwerfiele, unmittelbar daran Vergnügen zu finden. Es handelt sich um *Uccello, L'Hôtel, Blason-oracle* sowie die Prosagedichte *A l'ancre bleue, Les Photographies de Bérénice* und *Cocasseries tragiques du sommeil.*

Auf ganz anderen Wegen kommt Cocteaus Dichtung in *Plain-Chant* einher. Der »neoklassische« Stil dieser Verse kündigte sich bereits in manchen Gedichten von *Vocabulaire* (1922 erschienen) an. Cocteau hatte nun – nicht zuletzt unter dem Einfluß Radiguets – entschieden von der Avantgarde , den Dadaisten, Abstand genommen und bemühte sich um eine klare literarische Form, die nicht die Berührung mit der Tradition scheut; bezeichnenderweise veröffentlichte er im selben Jahr wie *Plain-Chant* das Gedicht *La Rose de François,* dessen Stil eine Huldigung an den französischen Renaissancedichter Pierre Ronsard bedeutet.*

Cocteau schrieb *Plain-Chant* im Sommer 1922, den er in Gesellschaft Raymond Radiguets an der Côte d'Azur verbrachte. Radiguet verbirgt sich denn auch hinter der angedichteten Geliebten. Cocteau hat in seinen Werken meist einen – nicht allzu dichten – Schleier über seine Homosexualität geworfen; das Gedicht *Il nous faut dépêcher* nennt indes präzise das Alter Radiguets.

* s. hierzu Francis Steegmuller, *Cocteau,* Boston/Toronto, 1970; S. 259f.

Die zentralen Themen von Cocteaus dichterischem Werk finden sich hier: der schmerzvolle Kampf mit den Musen, mit den neun Schwestern der griechischen Mythologie; der innere Engel, der den Dichter unerbittlich leitet; die stets vom Tod bedrohte Liebe; das Schattenreich von Schlaf und Traum. Doch während nach Radiguets Tod das Bild dieses Reichs, in dem die Liebe eine chimärenhafte Existenz führen kann, mehr und mehr zum lockenden Zufluchtsort wird, raubt in den Gedichten des *Plain-Chant* der Schlaf den Geliebten. Er nimmt den Tod vorweg, der Geliebte entwischt in unerreichbare Gefilde, die Grenzen zwischen den Liebenden sind nicht einzureißen. *Plain-Chant* – nach dem Choral der gregorianischen Kirchenmusik benannt – stimmt vor der drohenden Gegenwart des Todes ein weltliches Hohelied auf die Poesie und die Liebe an.

Bis auf vier Gedichte erscheint *Plain-Chant* hier vollständig; es fehlen aus dem I. Teil *Lorsque mes successeurs*, aus dem II. Teil *Franchement, je croyais*, aus dem III. Teil *Auric, Milhaud, Poulenc* und *Si ma façon de chant*.

Reinhard Schmidt

BIBLIOGRAPHISCHE HINWEISE

Erstausgaben der Werke dieses Bandes:

— *Opéra*, Paris: Stock, 1927.
— *Plain-Chant*, Paris: Stock, 1923.

Ausgewählte Literatur:

Zur Biographie:

— Frederick Brown: *An Impersonation of Angels*, New York, 1968. Deutsche Übersetzung: *Ein Skandal fürs Leben*, Bern/München, 1980.
— André Fraigneau: *Cocteau par lui-même*, Paris, 1957. Deutsche Übersetzung: *Jean Cocteau in Selbstzeugnissen und Bilddokumenten*, Reinbek, 1961.
— Jean-Jacques Kihm/Elizabeth Sprigge/Henri C. Béhar: *Jean Cocteau. L'homme et les miroirs*, Paris, 1968. Deutsche Übersetzung: *Jean Cocteau. Sein Leben – ein Meisterwerk*, bearbeitet von Friedrich Hagen, München/Wien/Basel, 1970.
— Francis Steegmuller: *Cocteau. A Biography*, Boston/Toronto, 1970. Französische Übersetzung: *Cocteau*, Paris, 1973.

Zum Werk:

— Jacques Brosse: *Cocteau*, Paris, 1970.
— Jean Cocteau: *Entretiens avec André Fraigneau*, Paris, 1965.
— Lydia Crowson: *The Esthetic of Jean Cocteau*, New Hampshire, 1978.
— Ernst Robert Curtius: *Der junge Cocteau* (1927). In: ders.: *Kritische Essays zur europäischen Literatur*. Bern, ²1954; S. 397–403.
— Friedrich Hagen: *Leben und Werk des Jean Cocteau* (Anthologie), 2 Bde., München/Wien/Basel, 1961.
— Hans Rudolf Kautz: *Dichtung und Kunst in der Theorie Jean Cocteaus*, (Dissertation) Heidelberg, 1970.

— James P. McNab: *The emergence of Cocteau as poet in the 1920s*. In: Philip Crant (Hrsg.): *Authors and their centuries*. French literature series I, Columbia, 1974; S. 167–175.
— Gérard Mourgue: *Cocteau*, Paris, 1965.
— Cahiers Jean Cocteau, n° 6: *La Poésie*; Paris, 1977 (verschiedene Aufsätze zum lyrischen Werk).

Eine umfassende Bibliographie des lyrischen Werks sowie weitere Literatur zu Cocteau finden sich in der Bibliographie des Bandes »Kritische Poesie IV« dieser Ausgabe.

VERZEICHNIS DER ABBILDUNGEN

Titelbild: *Le rossignol chante mal* (Die Nachtigall singt schlecht), aus *Le Mystère de Jean l'oiseleur*, Paris: Edouard Champion, 1925.

S. 8 Federzeichnung als Widmung für Georges Hugnet, 1945 (Privatsammlung).

S. 10 Umschlag von Christian Bérard für die Originalausgabe von *Opéra*.

S. 32 Jean Cocteau 1949 in New York (Photographie von Philip Haloman).

S. 33 *Nuages, pressentiments du ciel* (Wolken, Vorahnungen des Himmels), aus *Dessins*, Paris: Stock, 1923.

S. 56 Illustration zu einem Prospekt, mit dem die Eröffnung des Lokals »Le Grand Ecart« (benannt nach Cocteaus Roman von 1923) angekündigt wurde; 1926.

S. 57 Selbstporträt aus *Le Mystère de Jean l'oiseleur*, 1925. (Übersetzung des handschriftlichen Textes: »Das Opium wirkt auf den Großen Sympathikus. Indem es ihn einschläfert, schläfert es den moralischen Schmerz ein, oder vielmehr zeigt es ihn unter einem Blickwinkel, der ihn erträglich, sanft und zuweilen auch schön erscheinen läßt. Es drängt sich also der Schluß auf, daß der moralische Schmerz nur ein physischer Schmerz ist, da ihn eine Droge zu stillen vermag. Folglich ist es verrückt, es einerseits ganz natürlich zu finden, wenn jemand mit Zahnschmerzen zum Zahnarzt geht, es andererseits jedoch anormal zu finden, wenn jemand, der an einem seelischen Schmerz leidet, Opium raucht. Das ist der alte romantische Kult der Unbehaglichkeit. Das klassische Streben nach Behagen läßt uns das, was die Romantik als Feigheit verurteilt, als Hygiene ansehen. Denn nur schwache Künstler ziehen aus der Verzweiflung Gewinn. Ein wahrhaft großer Künstler findet nur in gelöster Unbeschwertheit zu seinem Ausdruck.« Vgl. hierzu auch den *Brief an Jacques Maritain* in dem Band »Kritische Poesie I« dieser Ausgabe.)

S. 72 *Je suis bien gardé – Jean l'oiseleur* (Ich bin wohl behütet – Jean der Vogelsteller), Selbstporträt aus *Le Mystère de Jean l'oiseleur*, 1925.

S. 124 Jean Cocteau in seiner Pariser Wohnung in der Rue Vignon, 1934 (Photographie von Lipnitzki).

S. 125 *Ces hommes masqués de l'ennemi qui nous jugent* (Diese maskierten Männer des Feindes, die über uns das Urteil sprechen), aus *Opéra*, vom Autor illustrierte Ausgabe, Paris: Arcanes, 1952.

S. 145 Jean Cocteau in den dreißiger Jahren (Photographie von Man Ray).

S. 146 *Jean Marais*, um 1940.

S. 160 *Raymond Radiguet*, aus *Dessins*, 1923.

S. 198 *Jean Desbordes*, aus *25 dessins d'un dormeur*, Lausanne: Mermod, 1929.

S. 229 Raymond Radiguet, aus *Dessins*, 1923.

Alle Zeichnungen – außer der Abbildung auf Seite 10 – von Jean Cocteau.

VERZEICHNIS DER GEDICHTE DIESES BANDES

OPERA

14 Par lui-même
Von ihm selbst
18 Prière mutilée
Verstümmeltes Gebet
26 Joueurs dormant à l'hombre
Beim l'hombre eingeschlafene Spieler
28 Les mauvais élèves
Die schlechten Schüler
30 A bas la terre
Nieder mit der Erde
34 L'âge ingrat
Das Flegelalter
36 Sport
Sport
38 Ange tirant la langue
Engel, der die Zunge herausstreckt
40 Jeux mais merveilles
Spiele doch Wunder
42 Le dimanche matin
Sonntagmorgen
44 Je vole en rêve
Ich fliege im Traum
46 Dimanche soir
Sonntagabend
48 Prairie légère
Flüchtige Wiese
52 Eurydice
Eurydike
52 Oedipe roi
König Ödipus
54 La Toison d'or
Das goldene Vlies
58 L'Ange Heurtebise
Der Engel Heurtebise

Musée secret / Geheimes Museum

74 Le Buste
Die Büste
76 Le Théâtre grec
Das griechische Theater
78 Nuit blanche ou Pigeon-Terreur
Weiße Nacht oder Schreckenstaube
80 Découverte des pattes du Sphinx
Entdeckung der Pranken der Sphinx
82 Martingale
Hoher Einsatz
84 No Man's Land
Niemandsland
86 Le modèle des dormeurs
Das Modell der Schläfer
88 Les Alliances
Die Alliancen

90 Le Détective
Der Detektiv
92 Souvenirs des souvenirs
Erinnerungen an Erinnerungen
94 Le Train musical
Der musikalische Zug
98 Jeune fille endormie
Ruhendes junges Mädchen
100 Conseil de toute importance
Rat von größter Wichtigkeit
102 Rougir
Erröten
104 Les Voleurs d'enfants
Die Kinderräuber
108 Apparition d'un bras dans une rue de Paris
Erscheinung eines Armes in einer Straße von Paris
110 Le Paquet rouge
Enthüllung in Rot
114 Sonnerie de téléphone dans une rue vide
Telephonklingeln in einer leeren Straße
116 Oh! la la!
Olala!
118 Le Printemps
Der Frühling
120 Danger d'écrire sur les statues
Gefahr des Beschriftens von Statuen
120 Allégorie
Allegorie
122 Explications des prodiges de la nuit du 24 octobre
Erklärung der wundersamen Vorgänge in der Nacht des 24. Oktober
126 Trousse contenant 12 poésies de voyage
Necessaire mit 12 Reisegedichten
132 Le Théâtre de Jean Cocteau
Das Theater des Jean Cocteau
136 L'Oracle
Das Orakel
140 Fin de la royauté
Ende des Königtums
142 La Mort du poète
Der Tod des Dichters

PLAIN-CHANT / CHORAL

I

150 J'ai, pour tromper du temps
Ich sang, die falsche Uhr der Zeiten zu betrügen
152 Je n'ai jamais d'argent
Obwohl stets ohne Geld
154 Mon ange, laissez-moi
Mein Engel, gebt mich frei

156 Chaque fois que je m'amuse
Ganz gleich, ob ich mich freue
158 Mon ange, vois, je te loue
Mein Engel, sieh, ich preis dich

II

162 Je veux tout oublier
Der Engel stößt, gehörnt (dem Mose so verwandt)
164 Je n'aime pas dormir
Ich schlaf nicht gern ein
168 Quand je te vois
Seh ich zur Hälfte dich dem fernen Traum entsteigen
170 Mauvaise compagne
Schlechte Gefährtin
170 Lit d'amour, faites halte
Liebeslager, halte ein
172 Rien ne m'effraye plus
Nein, nichts schreckt mich mehr
174 Notre entrelac d'amour
Beim Umarmen sind wir wie die Lettern verschlungen
176 Je regarde la mer
Ich schau zum Meer
178 Au moment de plonger
Im Moment, wo du tauchst
180 Lorsque nous serons tous deux
In der Erde dann, zu zweit
182 Je peux regarder le soleil en face
Der Sonne kann ich ins Angesicht sehen
184 Tes rires retroussés
Dein Lachen formt sich neu
186 L'orgueil me gâche tout
Der Stolz bringt mich noch um
188 A l'amour je retourne
Erneut bin ich verliebt
190 Je ne veux plus souffrir
Vom Traum, der mich so quält
192 Je voyage bien peu
Ich reise. Hab London, Venedig gesehen
194 Il nous faut dépêcher
Wir müssen uns beeiln
196 Hélas! vais-je à présent
Ich will den Strophen hier mein Lied nun anvertrauen

III

200 Ainsi que se tournent les plantes
Grad so wie die Pflanzen sich drehen
202 J'ai peine à soutenir
Museen sind Gefäß von Gold

204 Les muses sont de feu
Die Musen sind aus Glut
206 Ne m'interrogez plus
Fragt mich nicht mehr
208 Les sœurs, comme un cheval
Die Schwestern beißen uns, wie Pferde, in die Hände

EINE ÜBERSICHT ÜBER LEBEN UND WERK

1889 am 5. Juli in Maisons-Laffitte nahe Paris als Sohn einer wohlhabenden Familie geboren.

1899 5. April: Jeans Vater begeht aus ungeklärten Gründen Selbstmord.

1900–1906 Schulbesuch in Paris.

1907 gibt nach dem dritten erfolglosen Versuch, die Reifeprüfung zu bestehen, seine Schulausbildung auf.

1908 erste Lesung seiner Gedichte; beginnt am mondänen Pariser Gesellschaftsleben teilzunehmen, verkehrt u. a. mit Marcel Proust, Anna de Noailles, Reynaldo Hahn.

1909 erste Buchveröffentlichung: der Gedichtband *La Lampe d'Aladin*. Mitbegründer der luxuriösen literarischen Zeitschrift *Schéhérazade*. Lernt den Leiter des Russischen Balletts, Serge Diaghilew, kennen.

1910 Gedichtband *Le Prince frivole*.

1911 Zeichnungen für das Russische Ballett; macht die Bekanntschaft Igor Strawinskys.

1912 Aufführung seines Balletts *Le Dieu bleu*. Gedichtband *La Danse de Sophocle*.

1913 künstlerische Neuorientierung; distanziert sich von seiner gesamten bisherigen Arbeit und wird fortan die Liste seiner Werke mit dem in diesem Jahr entstehenden Prosawerk *Le Potomak* beginnen lassen.

1914 Erster Weltkrieg; vom Kriegsdienst zurückgestellt, zeitweise als freiwilliger Ambulanzhelfer an der Front. Mitbegründer der Zeitschrift *Le Mot*.

1915 schreibt an Gedichten zu *Le Cap de Bonne Espérance* und *Discours du grand sommeil* (Rede vom großen Schlaf). Pflegt den Umgang mit den Künstlern von Montmartre und Montparnasse, mit Max Jacob, Picasso, Cendrars, Apollinaire, Erik Satie. Gegen Ende des Jahres erneut als Ambulanzhelfer in Nieuport.

1916 läßt sich endgültig ausmustern. Arbeitet mit Satie und Picasso an dem Ballett *Parade*.

1917 mit Picasso und Strawinsky in Rom, wo Diaghilew *Parade* vorbereitet. Mai: Uraufführung von *Parade* in Paris.

1918 veröffentlicht das musik- und kunsttheoretische Manifest *Le Coq et l'Arlequin* (Hahn und Harlekin).

1919 lernt den erst sechzehnjährigen Dichter Raymond Radiguet kennen, der bald sein engster Freund wird. Artikelserie *Carte Blanche* über die Pariser Künstlerszene. *Le Cap de Bonne Espérance, Ode à Picasso* und *Le Potomak* erscheinen.

1920 Uraufführung des Mimodrams *Le Bœuf sur le toit* (Der Ochs auf dem Dach). Gründet mit Radiguet die Zeitschrift *Le Coq*, veröffentlicht *Poésies 1917–1920*.

1921 Uraufführung von *Les Mariés de la tour Eiffel* (Die Hochzeit auf dem Eiffelturm).

1922 langer Aufenthalt in Le Lavandou und Pramousquier an der Côte d'Azur mit Radiguet; schreibt hier *Le Grand Ecart* (Die große Kluft), *Thomas l'imposteur* (Thomas der Schwindler) und *Plain-Chant* (Choral). Der Gedichtband *Vocabulaire* (Wortschatz) und der Essay *Le Secret professionnel* (Das Berufsgeheimnis) erscheinen. Dezember: Uraufführung von *Antigone*.

1923 Rede *D'un ordre considéré comme une anarchie*. 12. Dezember: Raymond Radiguet stirbt an Typhus. *Le Grand Ecart, Thomas l'imposteur* und *Plain-Chant* erscheinen.

1924 Uraufführung seiner Shakespeare-Bearbeitung *Roméo et Juliette* und des Balletts *Le Train bleu*. Versammelt die meisten seiner bisherigen Gedichte in *Poésie (1916–1923)*. Massiver, regelmäßiger Opiumgenuß. Der katholische Religionsphilosoph Jacques Maritain führt ihn vorübergehend in die Arme der Kirche.

1925 Entziehungskur auf Drängen Maritains. Sommer: in Villefranche an der Côte d'Azur Arbeit an Gedichten zu *Opéra*, an den Stücken *Oedipe-Roi* (König Ödipus) und *Orphée* sowie an *Lettre à Jacques Maritain* (Brief an J. Maritain). Veröffentlicht das Gedicht *L'Ange Heurtebise* (Der Engel Heurtebise).

1926 Premiere von *Orphée*. Es erscheinen *Le Rappel à l'ordre* mit großteils bereits publizierten essayistischen Texten, die Zeichnungen *Maison de santé* und *Lettre à Jacques Maritain*, das seinen Bruch mit dem offiziellen Katholizismus einleitet.

1927 befreundet sich mit dem jungen Schriftsteller Jean Desbordes. Strawinskys Oratorium *Oedipus Rex* wird mit Cocteaus ins Lateinische übersetztem Text uraufgeführt. *Opéra. Œuvres poétiques (1925–1927)*. Dezember: schreibt *Le Livre blanc* (Das Weißbuch).

1928 veröffentlicht *Le Mystère laïc* (Das weltliche Geheimnis) und, anonym, *Le Livre blanc*. Im Dezember: erneute Entziehungskur, während der er *Les Enfants terribles* (Kinder der Nacht) und *Opium. Journal d'une désintoxication* (Tagebuch einer Entziehungskur) verfaßt.

1929 verläßt im März die Klinik. Veröffentlichung von *Les Enfants terribles*.

1930 Uraufführung von *La Voix humaine* (Die geliebte Stimme). Dreht den Film *Le Sang d'un poète* (Das Blut eines Dichters). *Opium* wird veröffentlicht.

1931 erkrankt im Sommer in Toulon an Typhus.

1932 erste Vorführung von *Le Sang d'un poète;* schreibt *La Machine infernale* (Die Höllenmaschine). Es erscheint *Essai de critique indirecte* (Versuche), das *Le Mystère laïc* und *Des Beaux Arts considérés comme un assassinat* (Die Schönen Künste als ein Mord betrachtet) enthält.

1933 *Le Fantôme de Marseille*. Im Dezember Entziehungskur. Trennung von Jean Desbordes.

1934 Uraufführung von *La Machine infernale*.

1935 Die Erinnerungsskizzen *Portraits-Souvenir* (Die Farben der Erinnerung) erscheinen in der Zeitung *Le Figaro*.

1936 Weltreise mit seinem Freund Marcel Khill, um Jules Vernes *Reise um die Welt in 80 Tagen* zu verwirklichen; die Reportagen erscheinen in der Zeitung *Paris-Soir*.

1937 lernt Jean Marais kennen, mit dem ihn eine lebenslängliche Freundschaft verbinden wird. Uraufführung von *Les Chevaliers de la Table Ronde* (Die Ritter von der Tafelrunde).

1938 Uraufführung von *Les Parents terribles*, das in Paris kurzzeitig als sittenwidrig von den öffentlichen Bühnen verbannt wird.

1939 schreibt *La Fin du Potomak*.

1940 Uraufführung von *Les Monstres sacrés*. Zieht sich, als die deutschen Truppen in Paris einmarschieren, nach Perpignan zurück. Neuerliche Entziehungskur. Im Herbst Rückkehr in das besetzte Paris.

1941 Uraufführung von *La Machine à écrire* (Die Schreibmaschine). Heftige Angriffe der rechten Presse. Schreibt das Versdrama *Renaud et Armide;* veröffentlicht die Gedichte *Allégories*.

1942 Sein Artikel *Salut à Breker* anläßlich einer Pariser Ausstellung des im Dritten Reich hochgeschätzten Bildhauers Arno Breker ruft einige Empörung hervor. Setzt sich vor Gericht für den angeklagten Schriftsteller Jean Genet ein.

1943 20. Januar. Tod seiner Mutter. Uraufführung von *Renaud et Armide*. Drehbuch zu dem Film *L'Eternel Retour* von Jean Delannoy. Essay *Le Mythe du Greco*.

1944 Sein alter Freund Max Jacob stirbt, von den Nazis deportiert. Jean Desbordes wird der Untergrundtätigkeit bezichtigt und von der Gestapo zu Tode gefoltert.

1945 dreht den Film *La Belle et la Bête* (Die Schöne und das Tier). Schreibt die Dialoge zu dem Film *Les Dames du Bois de Boulogne* von Robert Bresson. Das lange Gedicht *Léone* erscheint.

1946 Uraufführung von *L'Aigle à deux têtes* (Der Doppeladler) und des Balletts *Le Jeune Homme et la Mort;* das Gedicht *La Crucifixion* und *La Belle et la Bête. Journal d'un film* erscheinen.

1947 Roberto Rossellini verfilmt *La Voix humaine,* Cocteau selbst *L'Aigle à deux têtes.* Essayband *La Difficulté d'être* (Die Schwierigkeit, zu sein). Lernt Edouard Dermit kennen, den er später zu seinem Adoptivsohn machen wird. Erwirbt mit Jean Marais ein Haus in Milly-la-Forêt.

1948 verfilmt *Les Parents terribles.* Ende Dezember in New York.

1949 Essay *Lettre aux Américains* (Brief an die Amerikaner). Frühjahr: begleitet eine Theatertruppe auf einer Tournee durch den Nahen Osten, er erzählt diese Reise in *Maalesh.* Dreht im Herbst *Orphée.* Wird zum Ritter der Ehrenlegion ernannt. *Théâtre de poche* (Taschentheater) erscheint. Jean-Pierre Melville verfilmt *Les Enfants terribles.*

1950 Uraufführung des Balletts *Phèdre.* Sein Film *Orphée* erhält in Venedig den internationalen Kritikerpreis.

1951 Präsident der Autoren- und Komponistengewerkschaft. Uraufführung des Stücks *Bacchus. Entretiens autour du cinématographe* (Gespräche über den Film) und *Jean Marais.*

1952 in München erste umfassende Ausstellung des graphischen und malerischen Werks; kurze Aufenthalte in der Bundesrepublik Deutschland. Gedichtband *Le Chiffre sept.*

1953 Uraufführung des Balletts *La Dame à la licorne* in München. Vorsitzender der Jury des internationalen Filmfestivals in Cannes. Erste Reise nach Spanien, das er in den kommenden Jahren mehrmals besuchen wird. *Démarche d'un poète* (Der Lebensweg eines Dichters). Gedichtband *Appogiatures* und Essayband *Journal d'un inconnu* (Tagebuch eines Unbekannten).

1954 10. Juni: Herzinfarkt. Gedichtband *Clair-obscur.*

1955 Aufnahme in die Académie royale de langue et de littérature française de Belgique und in die Académie française.

1956 Dekoration der Kapelle Saint-Pierre in Villefranche. Ehrendoktor der Universität Oxford.

1957 Ehrenmitglied des New Yorker Institute of Arts and Letters. Wandmalereien im Trausaal des Rathauses von Menton. Veröffentlicht die spanischen Impressionen *La Corrida du 1er mai.*

1958 Ausstellung seiner Töpfereien. Reden *Discours sur la poésie* und *Les Armes secrètes de la France.* Gedichtband *Paraprosodies.*

1959 Blutsturz; schreibt, ans Krankenbett gefesselt, an den Gedichten zu *Le Requiem.* Uraufführung des Mimodrams *Le Poète et sa muse.* Dreharbeiten zu seinem letzten Film *Le Testament d'Orphée.*

1960 *Le Testament d'Orphée* läuft in den Kinos an. Wird zum »Prince des poètes«, zum »Dichterfürsten« gewählt. Ausstellung des graphischen und malerischen Werks in Nancy.

1961 Kommandeur der Ehrenlegion. Gedichtband *Cérémonial espagnol du Phénix suivi de La Partie d'échecs.*

1962 Uraufführung von *L'Impromptu du Palais-Royal* in Tokio. Der autobiographische Essay *Le Cordon ombilical* und *Le Requiem* erscheinen.

1963 22. April: Herzanfall. Zieht sich in sein Haus nach Milly zurück; dort stirbt er am 11. Oktober.

Für weitere Informationen zu Leben und Werk sei auf den Band »Erzählende Prosa I« dieser Ausgabe verwiesen. Eine ausführliche Bibliographie enthält der Band »Kritische Poesie IV«.

fi 1056/1

Lyrik

Ilse Aichinger
verschenkter Rat
Gedichte
Band 5126

Vicente Aleixandre
Gesicht hinter Glas
Gedichte / Dialoge
Band 2255

Rose Ausländer
Blinder Sommer
Gedichte
Band 5199
Ich zähl die Sterne / meiner Worte
Gedichte 1983
Band 5906
Im Atemhaus wohnen
Band 2189
Mutterland / Einverständnis
Gedichte
Band 5775

Rose Ausländer
Der Traum hat offene Augen
Unveröffentlichte Gedichte 1965–1978
Band 9172

Wolfgang Bächler
Ausbrechen
Gedichte aus 20 Jahren
Band 5127
Nachtleben
Gedichte
Band 5872

Hans Bender (Hg.)
In diesem Lande leben wir
Deutsche Gedichte der Gegenwart
Band 5006

Charles Bukowski / Carl Weissner
Terpentin on the rocks
Die besten Gedichte aus der amerikanischen Alternativpresse 1966–1977
Band 5123

Paul Celan
Die Niemandsrose / Sprachgitter
Gedichte. Band 2223

Christoph Derschau
So hin und wieder / die eigene Haut ritzen
Ausgewählte Gedichte
Band 5020

Das deutsche Gedicht
Vom Mittelalter bis zum 20. Jahrhundert
Band 155

Fischer Taschenbuch Verlag

fi 145 / 5a

Lyrik

Doppel-interpretationen
Hilde Domin (Hg.)
Das zeitgenössische Gedicht
Band 1060

Odysseas Elytis
To Axion Esti – Gepriesen sei
Gedichte und Prosa. Band 5029

Erich Fried
Befreiung von der Flucht
Gedichte und Gegengedichte
Band 5864
Reich der Steine
Zyklische Gedichte
Band 5959
Warngedichte
Band 2225

Peter Hamm
Die verschwindende Welt
Gedichte
Band 9173

Peter Hamm
Der Balken
Gedichte
Band 5314

Stephan Hermlin
Gesammelte Gedichte
Band 5125

Peter Huchel
Chausseen, Chausseen
Gedichte
Band 5120

Erich Kästner
Die kleine Freiheit
Chansons und Prosa
Band 1807
Der tägliche Kram
Chansons und Prosa
Band 2025

Marie Luise Kaschnitz
Überallnie
Ausgewählte Gedichte 1928–1965
Band 5820

Michael Krüger
Aus der Ebene
Gedichte
Band 5865
Diderots Katze
Gedichte
Band 2256

Günter Kunert
Verlangen nach Bomarzo
Reisegedichte
Band 5018

Reiner Kunze
auf eigene hoffnung
Gedichte
Band 5230
Zimmerlautstärke
Gedichte
Band 1934

Ossip Mandelstam
Gedichte
Band 5312

Fischer Taschenbuch Verlag

fi 145 / 5b

Lyrik

Christoph Meckel
Säure
Gedichte
Band 5122
Souterrain
Gedichte
Band 5146
Wildnisse
Band 5819

Selma Meerbaum-Eisinger
Ich bin in Sehnsucht eingehüllt
Band 5394

Hanns Otto Münsterer
Mancher Mann
Gedichte
Band 5163

Edgar Neis (Hg.)
Gedichte über Dichter
Band 2156

Aras Ören
Deutschland, ein türkisches Märchen
Gedichte
Band 5130
Mitten in der Odyssee
Gedichte
Band 5777

Nicanor Parra
Und Chile ist eine Wüste
Poesie und Antipoesie
Band 5034

Fritz Pratz (Hg.)
Deutsche Gedichte von 1900 bis zur Gegenwart
Band 5273

David Rokeah
Nicht Tag nicht Nacht
Ausgewählte Gedichte
Band 5958

Thomas Rothschild (Hg.)
Von großen und von kleinen Zeiten
Politische Lyrik von den Bauernkriegen bis zur Gegenwart
Band 5124

Ralf-Rainer Rygulla (Hg.)
Fuck you!
Underground-Gedichte englisch-deutsch
Band 2254

Guntram Vesper
Die Illusion des Unglücks
Gedichte
Band 5128
Die Inseln im Landmeer
und neue Gedichte
Band 5821
Frohburg
Neue Gedichte
Band 5905

Fischer Taschenbuch Verlag

fi 145/5c